前ページ：**鎧を着し剣と旗を持つジャンヌ＝ダルク**　羊皮紙に描かれた細密画。15世紀後半の制作。国立公文書館所蔵　アフロ提供

右：**ルーアンの旧市場広場のジャンヌ＝ダルク火刑跡地**　手前の四角い柵が火刑台が設置された跡を示している。1971年5月30日，著者撮影

下：**オルレアン遠望**　アフロ提供

1991年のルーアン旧市場広場とその一角にあるジャンヌ＝ダルクの立像　旧市場の建物はコンクリート造りのビルに変わり，ジャンヌ火刑台の跡地にコンクリートの柱がそそり立つ。7月25日，著者撮影

新・人と歴史　拡大版 06

ジャンヌ＝ダルクの百年戦争［新訂版］

堀越孝一　著

SHIMIZUSHOIN

本書は「人と歴史」シリーズ（編集委員小葉田淳、沼田次郎、井上智勇、堀米庸三、田村実造、護雅夫）の『ジャンヌ＝ダルク』として一九七五年に、「清水新書」の『ジャンヌ＝ダルクの百年戦争』として一九八四年に刊行したものに加筆・修正を施して復刊したものです。

はじめに

フランソワ＝ヴィヨンは歌う、

才智すぐれたエロイース、どこに？
このひとゆえに宮せられて、サン＝ドニの、
ピエール＝エバイヤールは修道士になった。
かかる苦悩も、そのひとの愛のゆえ。
同じくまた、王妃はどこに？
ビュリダンを、袋にいれてセーヌに
投ぜよと命じた、そのひとは。
とはいえ、去年の雪がいまどこにある？

ブランシュ王妃は百合花のごと、
その歌声は人魚さながらに、
大足のベルト、ビエトリス、アリス、
メーヌを領したアランビュルジス、
また、ジャンヌ、よきロレーヌ女、
イギリス勢がルーアンで火あぶりにした。
かの女らはどこに、どこに、聖処女よ。
とはいえ、去年の雪がいまどこにある？

郷愁と愛惜《あいせき》、それに醒《さ》めたあきらめの入りまじったリフレインが余韻を残し、エロイースやブランシュ王妃、あるいはまた、伝説のナヴァール王妃とともに、ジャンヌ、ロレーヌの女をつつむ。考えてみれば妙なはなしで、エロイース（エロイーズ）は、正統派神学形成期の一二世紀に一方の陣を構えたピエール＝アベラール（エバイヤール）の想わせびと、伝説のアベラールとエロイーズの恋物語の女主人公である。一四世紀のパリ神学界の大立物ジャン＝ビュリダン若年時の伝えに登場する冷血無情の美妃は、ナヴァール王妃といわれているものの、その名すら伝えられてはいない。ブランシュ王妃は、一三世紀の聖王ルイの母、ブランシュ＝ド＝カスティユ。ベルト、ビエトリス等々にいたっては、あるいはシャルルマーニュの母、あるいはアンジュー伯フーク五世の妻等々とこれを紹介するよりは、いずれも、あるいは叙事詩、あるいは宮廷恋愛物語の女主人公たちだと註記したほうがよいであろう。エロイーズやブランシュにしても、あるいは『ばら物語』、あるいは詩人チボー＝ド＝シャンパーニュの詩歌の世界の住人として詩人ヴィヨンのイメージに生きていたのであって、この『大遺言詩集』中に織り込まれたバラッドは、数世代ののちのクレマン＝マロがいみじくも名付けたように、まさしく「そのかみの貴女たちのバラッド」なのである。

一六世紀のクレマン＝マロにとっては、確かにジャンヌ、ロレーヌの女もまた、「そのかみの貴女」ではあったろう。だが、一四三一年生まれと推定されるフランソワ＝ヴィヨンのイメージに、どうしてジャンヌがエロイーズとならびたつのか。フランソワ＝ヴィヨン、この無頼の若者がパリ大学に在籍し、大学とパリ司法当局とのけんか沙汰に大活躍していたのは一四五二年前後。神学部ナヴァール学寮に泥棒にはいって、パリを逐電《ちくでん》したのが五六年。このクロノロジーは、ジャンヌ＝ダルクにも大いに意味がある。ジャンヌは、ヴィヨンが生まれたか生まれないかのころ、火刑に処せられた。若者がパリで青春の日々を送っていたころ、ジャンヌはその名誉を回復した。「ジャンヌ復権訴訟」は、五六年に終了しているのである。

だが、この種のことあげはむなしい。シャルル七世は、その晩年の贖罪《しょくざい》に、そのむかしお世話になったむすめジャンヌのために、異端の罪の汚名をそそいでやろうと、復権訴訟の祭り興行をうち、ジャンヌの「現代性」を唱導しようとする。その噂を聞いてか聞かずか、無頼の若者は、ジャンヌを追憶のうちに葬り、「ラ‐ボンヌ‐ロレーヌ」と碑銘《ひめい》に彫る。「ボンヌ」とは、ジャンヌを肯《うべな》う気持ちの表現であろう。それ以上の意味を穿鑿《せんさく》してはなるまい。エロイーズを「才智すぐれた」と見、ブランシュ＝ド＝カスティユを「百合花のごと」と定め、ジャンヌを「ボンヌ」と想う。すでにして、われわれは、ヴィヨンにおいてジャンヌが過去性を与えられ、定められたのを見るのである。そして、おそらくこのヴィヨンのジャンヌ追憶を、ヴィヨンの時代のパリの人々の「シャルル六世の時代」への郷愁が、やわらかくつつんでいる。

「大王」シャルル七世の時代の人々にとって、先王シャルル六世の時代は、すでに過ぎ去った時代、追憶のエルドラドであった。ヴィヨンふうにいえば、老残の具足屋小町の回想の日々である。ひとつの時代が終わって、いまの世がある。その間に死と荒廃があり、「苦悩の舞踏」があり、追放の日々があった。そういう断絶の意識がある。ジャンヌは、すでに完結し、過ぎ去り、いまの世に門戸を閉ざすひとつの時代についに帰属する女なのである。

してみれば、ヴィヨンはわたしたちに教訓を垂れていることになるのではあるまいか。すなわち、ジャンヌを過去性において知れ、と。わたしたちに与えられたジャンヌ像は、あたかもくりかえし読まれた本の頁であって、手垢《てあか》と注にまみれている。その裏側に無垢《むく》の紙葉がはりつけられていて、ヴィヨンの書いた墓碑銘がそこに読める。頁を裏返せば読めるのだが、なかなかそうできるものではない。注の量塊が、まずわたしたちの視線をひきつけるのである。注とは、多くのばあい、ここのところはこう読むべきだとする注釈者の要請である。過去の現在による説きあかしである。

一八世紀の啓蒙主義は、ジャンヌの事績を迷信と反理性の表現と解説し、一九世紀のロマンティシズムは、民族の感情的基盤、女性的なるもの等々の言葉づかいのうちにジャンヌを称揚した。実証主義者は、かれらの実証の背後に、国家主義の偏見と党派根性が重苦しく澱《よど》んでいるという事態に、無邪気にも気付かなかった。あるいは、臆面もなくこれを無視した。かれらは、けっきょく、ジャンヌをたねに、かれらじしんを語ってきたのである。

わたしたちは、かれら以前の視座に立ち返らねばなるまい。注の量塊を史的判断力という鋤《すき》鍬《くわ》で崩しのけ、ジャンヌの生身の肢体を、史的想像力という掬鋤《きくじょ》をもって注意ぶかく掘りおこさねばなるまい。おそらくわたしたちは、ジャンヌを王宮のスキャンダルと見たブルボン王朝の著述家たちを見すて、王権の危機を救った聖女とジャンヌを定式化したヴァロワ王家の忠実な伝記作者トマ＝バザンの『シャルル七世史』に尊敬の眼差しをおくりながら（けっして肩をすくめたりなんかしてはならない）、さらに時の流れをさかのぼり、「ジャンヌ復権訴訟」の証人たちについては、その証言に一応は注意ぶかく耳をかたむけながらも、けっきょくはていねいにお引き取りねがうことになろう。わたしたちはジャンヌ=ダルクの時代にはいる。わたしたちは、ジャンヌ=ダルクを、ジャンヌ=ダルクの時代において想像したいと思うのである。

本書の記述はふたつの光源を持つ。ひとつはブルゴーニュ侯権に関する考察であり、ひとつはルーアンにおけるジャンヌ裁判の記録の読みである。前者は、この時代の政治的構造についての正当な理解へとわたしを導き、後者は、ジャンヌは何者かという設問に対する答えをわたしからひき出す。そうあってほしいとねがっている。

目　次

サンドイッチ
ドーヴァー
アントワープ
ガン
カレー
ブーローニュ
ブリュッセル
ケルン
アーヘン
リール
リエージュ
ナミュール
アラス
アミアン
オワーズ川
ムーズ川
モーゼル川
マインツ
ライン川
ルーアン
コンピエーニュ
ソワソン
セーヌ川
ランス
ヴェルダン
パリ
マルヌ川
シャロン
メス
ナンシー
シャルトル
ムラン
セーヌ川
トロワ
シュトラスブール
オルレアン
ブロワ
ディジョン
ブザンソン
ブールジュ
ヌヴェール
ソーヌ川
ジュネーヴ湖
ジュネーヴ
クレルモン
リヨン
ローヌ川
グルノーブル
ヴァランス
アルビ
アヴィニョン
アルル
カルカソンヌ
ペルピニャン
地中海

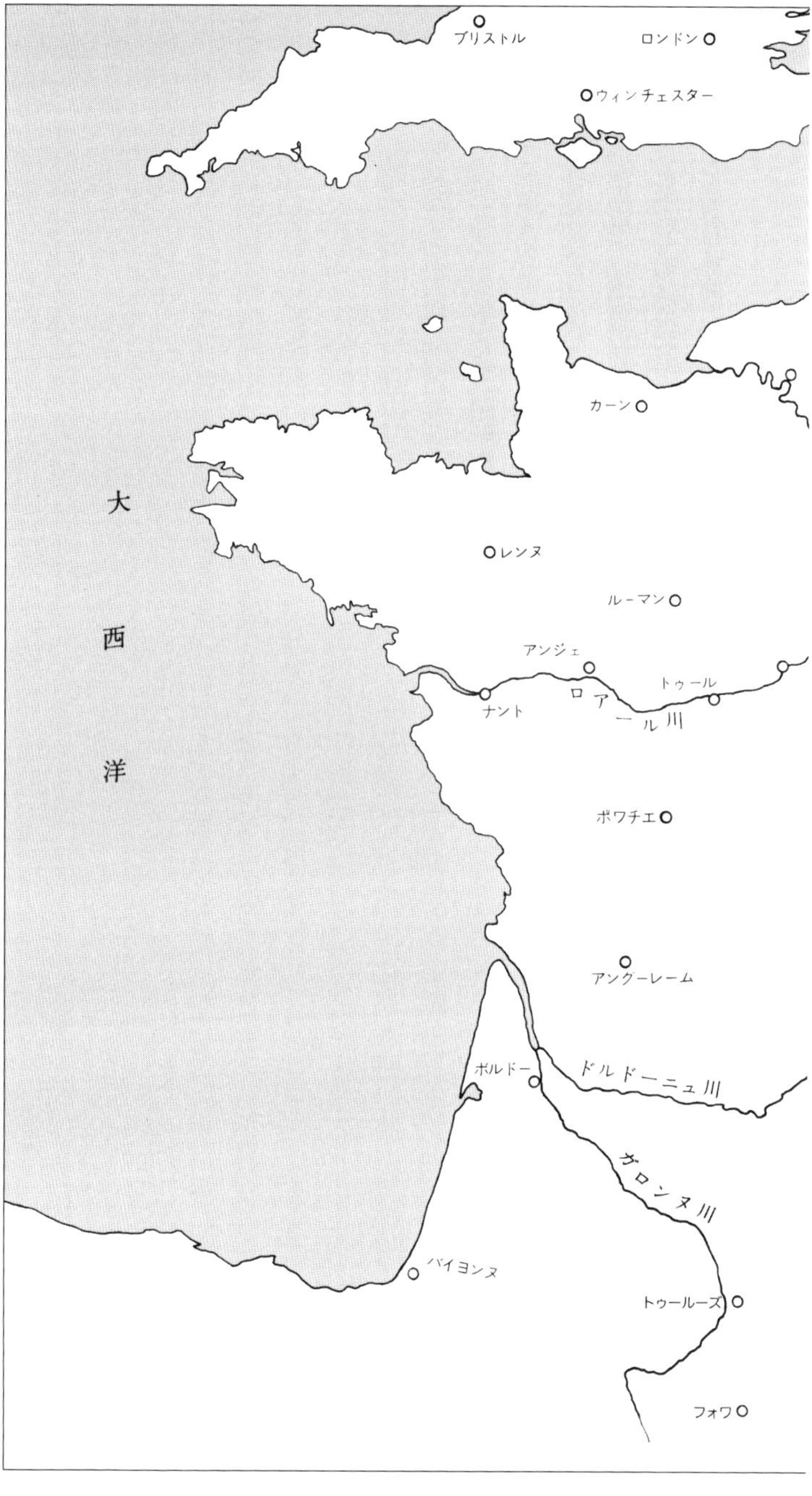
ブリストル
ロンドン
ウィンチェスター
カーン
大西洋
レンヌ
ルーマン
アンジェ
トゥール
ナント
ロアール川
ポワチエ
アングーレーム
ボルドー
ドルドーニュ川
ガロンヌ川
バイヨンヌ
トゥールーズ
フォワ

I

噂の娘

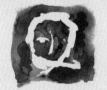

イメージのジャンヌ

❖旗を持つ娘

一四二九年五月一〇日のことである。ここはパリのシテ島にある王宮の大広間。王宮《パレ》とはいっても王の居館ではない。国王裁判所や会計院の執務所として使われている。大広間は国王裁判所の法廷であり、民事関係の訴訟がここで処理される。だから開廷中の広間には、訴訟人や代理人、証人などの人々が常時出入りし、あちこちに商人たちが額を寄せ集めて談合するといった光景さえ見られる。だが、いまは日暮れ時。ざわめきが潮の退くように遠のいたあとに、あとかたづけの小者たちのたてる物音がうつろに響く。

ただひとり、窓際の光のたまりに、録事クレマン＝ド＝フォーカンベルグが椅子にもたれている。執務机の上には覚書のための紙葉がおかれ、数行の文字がしたためられている。その左の余白に、かれはいましも横顔を見せた女性像をデッサンしおえたところである。これがいたずら書きか、まじめに描いたものか、それはなんともいえぬが、ともかく、この女性のことが録事の関心をいたく刺戟したらしいことは確かである。

なにはともあれ、かれの覚書を読んでみよう。

火曜日、五月一〇日、この日パリにもたらされ、公表された報知によれば、過ぐる日曜日、王太子の軍勢一大多数は、執拗《しつよう》な攻撃を重ねた末、ギヨーム゠グラスダルほかの隊長たちがイギリス王の軍勢を率いて守る砦の中にはいり、あわせて、ロワール川にかかるオルレアン橋のたもとの塔をもとった、と。また、この日、ロワール川の対岸の砦（複数）を固め、オルレアン前面に攻囲の陣を張っていた隊長たちとその手勢は、グラスダルの救援におもむき、敵勢と戦うべく、砦を出て攻囲の陣を解いた。その敵勢は、人のいうには、軍兵の中にあってただひとり旗を持つ娘をともなっていた、と。（以下、ラテン語）事態のなりゆきはこれを、戦争の支配者、戦闘において全能の主、神のみぞ知り給う。

クレマン゠ド゠フォーカンベルグが日記の片隅にかきとめた女性像

さて、そのデッサンだが、上着《うわぎ》の膝下のあたりのギザギザはこれはいったいなんのつもりか。あるいはむかしの鎖袴《くさりばかま》のようなものか。男装の若い女性が、左手を剣の柄《つか》にかけ、右手に旗を支えて立っている。旗は「バニエール」、一軍の旗印《はたじるし》である。

オルレアンの攻防戦に、なんと娘が登場したという情報に接したパリの一住民が反射的に作りあげたイメージがこれである。いってみればこれは第一級の映像史料だ。剣と旗と鎖袴をのぞけば（それだけのぞけば、それでこの絵のはらむ情報量の半分以上は差し引かれることになろうが）ごくふつうの庶民の娘の姿に描かれているという点こそ注目にあたいする。この日、この娘、ジャンヌ＝ダルクの噂がパリの街角という街角で囁《ささ》やかれたでもあろう。王宮の大広間で、訴訟審理の合間の雑談に、オルレアンの情勢が話題にのぼったことでもあろう。男装の女だそうだと早耳の情報をしたり顔に耳打ちする手合いがいなかったとはいえない。たとえそうは聞かなかったとしても、わたしたちならば、軍兵のあいだに立ち交る娘という知識から反射的に男装の女というイメージを作ることは難なくできる。録事にはそれができなかった、あるいは、そのイメージを拒否した。そこがおもしろい。

ジャンヌ生前に描かれた肖像画はこれだけである。だいたいが、しかし、これは肖像とはいえない。軍兵（そのシンボルが剣）と娘と旗とを組み合わせた概念図みたいなものだ。その点、口絵①の絵には肖像画を作ろうという作為が感じられ、これが一応いちばん「信用のおける」

ジャンヌ像とされている。おそらく、はじめてオルレアン市内にはいったジャンヌ＝ダルクを想定して描かれたものであって、もともとは、シャルル＝ドルレアンの詩集の写本飾絵であったと考えられている。鎖帷子《かたびら》を着込み、甲冑《かっちゅう》をつけたこの「男装」の画像に見られる考証の確かさは、肩にかついだ旗の紋様が、のちに宗教裁判の法廷でジャンヌ自身が証言したとおりに描かれているという一事によっても知れる。

❖ロワールの河縁にひとりの娘あり

さて、われらが貴重な映像記録作家クレマン＝ド＝フォーカンベルグのことだが、かれは一四一〇年以降、国王裁判所（パルルマン）の参事として王宮に出入りしていた。一七年、ニコラス＝ド＝ベイの跡を襲って録事のポストにつき、三六年まで大広間の一隅に執務机を据えた。録事は位階からいえば参事より下である。だが、事実上、実務の中枢にある重要なポストであった。かれがこの職にあった一九年間はイギリス軍がパリを占領していた全期間を含んでいる。かれの残した覚書は、いってみれば執務日誌であって、そのいわゆる『クレマン＝ド＝フォーカンベルグの日記』は、かれの前任者の執務日誌『ニコラス＝ド＝ベイの日記』とともに、アルマニャック対ブルゴーニュ派の対立抗争の時代から、「ジャンヌ＝ダルク」事件を経て、王太子シャルルによるパリ回復にいたるまでの波乱の動向を映しているのである。

当時、フランスの王政はイギリス王の手中にあったのだから、イギリス王の敵、「王太子勢」は録事にとってもまた「敵勢」であった。録事の記述は、この点、立場の表明がいささかあいまいだが、同じ頃、録事と同様パリに住んで覚書を残した、こちらの方は市井《しせい》の一知識人、無名の『パリ一市民の日記』の記述には、この立場がはっきりと読みとれる。日付はないが、やはり五月一〇日前後のものと思われる。

このころ、ひとの言によれば、ロワールの河縁《かわべり》にひとりの娘あり、予言者を称して、これこれのことは真実となるであろうなどといい、フランス摂政とそれを助けるものたちに敵対した。ひとの言によれば、オルレアンの前に陣を構えていた軍勢をものともせず、多数のアルマニャック勢とともに、多量の食糧をたずさえて市中にはいった。また、陣のものたちは、まったく身動きできず、アルマニャック勢が、かれらのそば近く、矢のとどくあたり、ないしはその倍ほどのところを通って市中にはいるのをただ見ていたとのことであり、また、市中の人々は、食糧がたいへん欠乏していたので、じつに三ブランもするパンを夕食に食べていたとのことであり、そのほか、その娘についていろいろと、ブルゴーニュ勢やフランス摂政に対してよりもアルマニャック勢に対してより好意を持つ連中は語ったのである。かれらは、かの女がまだほんの幼かったころ、小羊の群れの番をしていたと、また、森や野原の鳥は、かの女が呼ぶとやってきて、飼いならされたもののごとく、かの女の膝の上でパンを食べたと断言した。（以下ラテン語）真実のうちには偽りのものもある。

『パリ一市民の日記』の筆者の素姓はよく分っていない。パリ大学の関係者であるとみずから証言しているかのように読める記事があるが、これはあまりあてにはならない。文体とか言葉づかいから推して聖職者であったことは確かである。いや、正確にいうと、聖職者的な教養を身につけた人物であった。あまりうだつのあがらなかった男であることは確かである。わたしなどは、もしやかれは学のある門番かなんかではなかったかと想像して楽しんでいる。セーヌ川右岸のサン＝マルタン大通りに沿う街区に住んでいた。これは記事の内容から推察されるところである。おそらく、パリの外へ出たことはめったになかったのではないか。一四〇五年から四九年にかけて、実に半世紀にも及ぶあいだ、パリに起こった出来事を記録しつづけた。これはパリそのものの覚書といってもよいのである。「アルマニャックの娘」についての噂が街に流れた。「ひとの言によれば」と、かれはその噂を書きとめる。あとで紹介するが、二九年九月にはジャンヌ＝ダルクを旗頭とする王太子勢がパリを攻囲する。一市民はパリの城壁の上にのぼり、攻囲の情景を描写するのである。

❖ブリュージュからの通信によれば

ところ変わって、ここはフランドルのブリュージュ。北西ヨーロッパの商業の拠点である。ヨーロッパ各地から人が集まっていた。ヴェネチア人居留区もあって、そこにパンクラチオ＝ジュスチニアーニという人物が住んでいた。商人ではなかったらしい。その父は、ヴェネチア統領（ドージェ）の選挙人であり、駐キプロス－ヴェネチア大使をつとめたこともあるマルコ＝ジュスチニアーニに比定されるのだから、相当な名門の出である。パンクラチオは、「四十人法廷」と呼ばれるヴェネチアの特別刑事法廷の判事であったこともあるらしく、その関係の仕事でブリュージュに滞在していたのであろうか。ともかく経歴は不明である。そのかれが父マルコあてに書いた手紙九通あまりが残されていて、これがやはりジャンヌの噂を伝えている。

これはついでだが、この手紙は『アントニオ＝モロシーニの年代記』という記述の中に収録されている。このアントニオ＝モロシーニなる人物のことも不明の点が多いのだが、ヴェネチアの名門モロシーニ家の一員であり、若年時にはヴェネチア大参事会に名を連ねた政治家のはしくれだったらしい。同時に貿易にも従事していたらしく、それは記述の内容にうかがえるところである。壮年期以降、かれは公的活動から離れ、著述に専念するようになったらしい。その「年代記」は、年代記とはいうものの、一四〇四年以降、全体の四分の三は、むしろ覚書、ないし日録に近い。三三年までの記事が残っている。ヨーロッパ、中近東各地に駐在するヴェネチア人たちが本国あてに送る通信を集めている。いってみれば、アントニオは、ヴェネチアの交易圏に情報網を張りめぐらせていた。端的にいえば『年代記』は情報の収集なのである。「ブリュージュからの通信によれば」と、この形が記述の原型であり、とくに二九年以降は、通信文そのものを転写するケースが増えている。パンクラチオ＝ジュスチニアーニの手紙九通もアントニオの貪欲《どんよく》な記録欲の獲物となり、転写されて残ったのである。

「父上、本月四日付のお便りで、すでにここ一年有半、敵勢がオルレアンを固く攻囲している旨、お知らせしました」と、パンクラチオは、五月一〇日付けで父マルコにあてた手紙を書き出している。以下、イギリス側のソールズベリ伯戦死のこと、オルレアンを包囲するイギリス勢の砦が強化されたこと、オルレアン市が代表団を派遣してブルゴーニュ侯に和議の仲立ちを依頼したこと等々を報じたのち、

続いて、パリから手紙や口づて、商人の話など、いろいろな形ではいった知らせによれば、本月四日、王太子は集められる限りの軍勢を集めて、その数は、噂では、騎馬の精鋭一万二千、これを率いる隊長はブルボン侯の息、シャルル＝ド＝ブルボン、オルレアン侯の娘を妻に持つアランソン侯、それにオルレアンの私生児ですが、すでに早くに進出し、この軍勢、手練《てだ》れの衆をもって、多量の食糧を市中に運び込み、敵勢に攻撃をかけながら

運びつづけています。

と、王太子軍によるオルレアン防衛の動きを報じはじめる。

❖懐疑的な姿勢

続く七日、王太子勢がイギリス軍の砦のひとつをとったこと、やがて残る一二の砦も落ちたことを報じ、この一連の戦いがいかに苛烈なものであったかと感想を述べたあと、パンクラチオは、かれの名を、後世に残す機縁となった著名な記述にはいる。

この知らせがはいる以前、ここ二週間このかた、パリで見聞された多くの予言のことがとり沙汰《ざた》されてきました。いろいろありますが、王太子が大いに栄えるであろうとする点で一致しています。じっさい、わたしは、こういった事態についてはあるイタリア人と意見を同じくするものですし、これを物笑いのたねにする人が多かったのです。とりわけ、ある羊飼いの娘のことですが、これはロレーヌの生まれで、ひとつきと半ほど前に王太子のもとに現れ、余人をまじえず、王太子とさしで話したがった。概略申しますと、娘は自分をここへよこしたのは神だと公言し、こういった、確かなところ、六月の聖ヨハネの祝日までに、王太子はパリにはいることになろう、イギリス軍と戦ってこれを打ち負かし、パリにはいって戴冠することになろう。続いていうには、王太子はその軍勢をはげまし、オルレアンに食糧を運び込み、イギリス軍と戦わなければならない。そうすれば、確かなところ王太子は勝ち、かれらイギリス勢をして大混乱のうちに陣を解かせしめることになろう、と。そういうわけで、これははっきりとここに申しあげることができるのですが、王太子はこの娘によって大事件（オルレアン防衛）の啓示を受けたことになります。これはどうも、ほかの人たち同様、わたしには疑わしいと思われるのですが。なお、ブルゴーニュにいる商人たちからきた一月（おそらく四月の誤記）一六日付の手紙が手許にありますが、これもやはりこの娘と大事件のことにふれていますし、さらに二八日付の手紙がこの知らせをむし返しています、この娘は高貴の身分の方々に、もうまもなく包囲の陣は抜かれることになろうと語った、等々と。

パンクラチオ＝ジュスチニアーニの記述はなお続く。パリやブルゴーニュ（おそらくディジョンかボーヌ）の仲間から情報がはいる。それをとりまとめてヴェネチアに送る。興味深いのはパンクラチオの懐疑的な姿勢である。ここに紹介した一節にも、それははっきりあらわれている。この姿勢はヴェネチア人特有の合理的精神に根差すものであろうか。コスモポリタンな生活状況からくる噂、伝聞への用心深い姿勢なのであろうか。いずれにせよ、パリの一知識人のいささかシニカルな対応の仕方とはニュアンスがちがう。それはともかく、「ジャンヌ＝ダルク」に無批判にのめり込む狂信は、ここには感じられない。

だいたいが、まず「王太子軍」によるオルレアン防衛の成功について書き、次いで多数見聞された予言者の言動のひとつとして「羊飼いの娘」のことを書くという、この手紙の記述の組み立て自体がおもしろい。この手紙をそのまま転写して後世に伝えてくれた『アントニオ＝モロシーニの年代記』は、ちょうどフランス国家のナショナリズムが昂揚した一九世紀末に刊行されたのだが、その校訂者は、手紙の筆者がジャンヌ＝ダルクに言及する、その仕方の、「付帯的従属的なとりあつかい方」は注目にあたいする、なにしろ「ジャンヌ＝ダルク」という名前さえ書きとめられていないのだと、妙に肩に力を入れてパンクラチオを非難している。事態はすべてジャンヌ＝ダルクを中心に展開したはずだという思い込みがこの校訂者にはある。だが、じっさいのはなし、わたしたち自身、かれを笑えないのではあるまいか。この時期のフランス史の動向を「ジャンヌ＝ダルク」を軸に整理して説明するやり方に、いぜんわたしたちはどっぷりとつかっている。「パンクラチオ＝ジュスチニアーニの手紙」は、わたしたちの慣れ親しんでいるそういう理解の枠組みをゆさぶるのである。

オルレアンの攻防

❖ソールズベリ伯の戦略

「イギリスとフランスの王」ヘンリー六世の名においてノルマンディーを預るソールズベリ伯トーマス＝ド＝モンタギュは、シャルトルに兵を集めたのち、城主領ジャンヴィルの堅固な城を次の攻撃目標に定めた。深い壕《ほり》をめぐらし天守閣（ドンジョン）を備えたこの城は、パリ-オルレアン街道をほんのすこし西にはいった位置にあり、フランス王家の家領に属する。パリとノルマンディーをイギリス軍に奪われてロワール川中流域にしりぞいた王太子シャルルのロワール以北の防衛拠点のひとつである。

オルレアン攻めに備えて、この城を手始めに、オルレアン北方のボース平野の、いいかえればパリ-オルレアン街道沿いの王太子側の城や町をかたはしからつぶしてゆく、これが組織的な頭脳の持主ソールズベリ伯のたてた慎重な戦略であった。ジャンヴィルは九月初頭に落ちた。

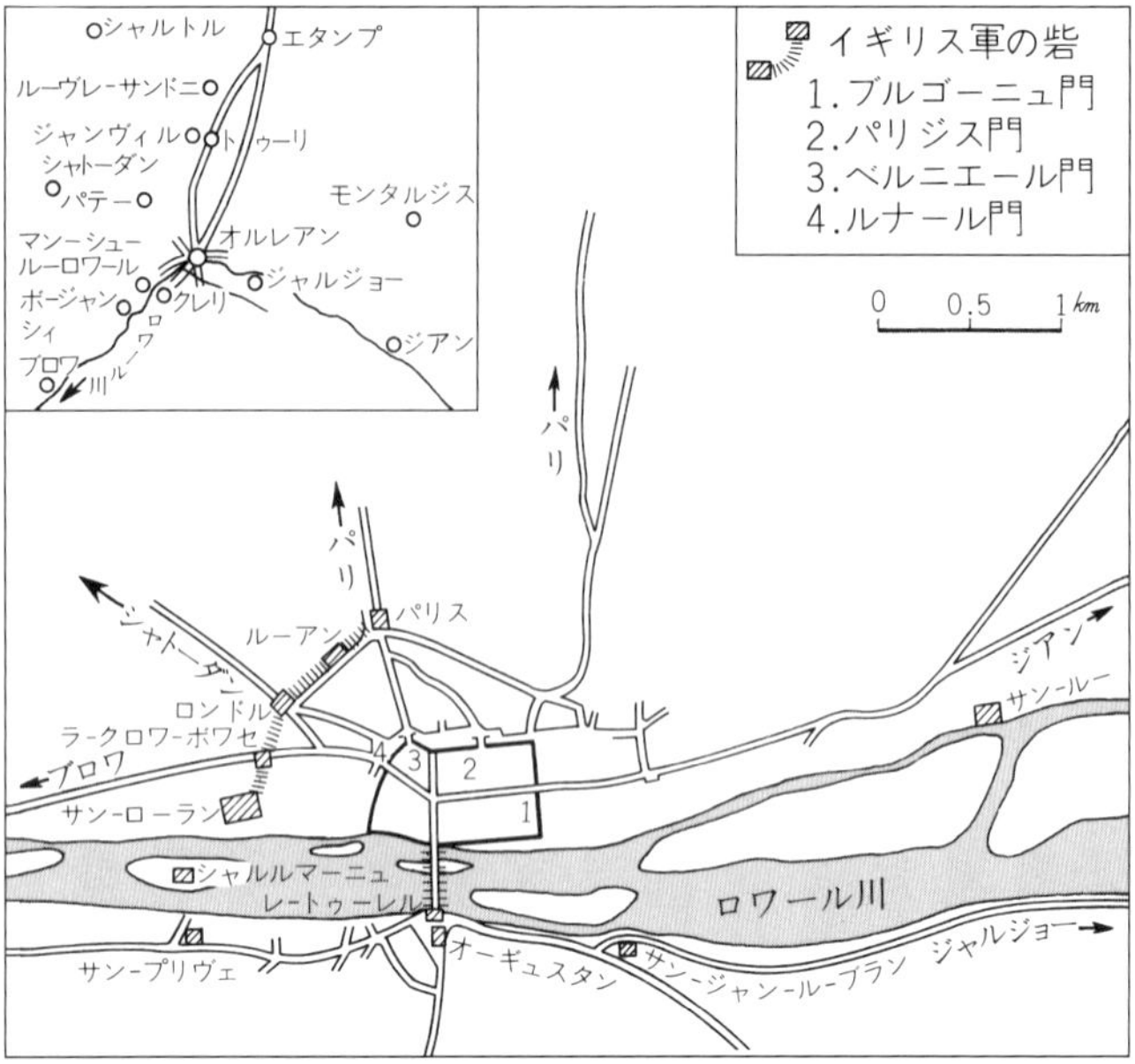

オルレアン攻囲

ソールズベリはここに本営を移し、アルトネイ、パテーと攻略の手をのばし、九月下旬にはオルレアン下流のマン-シュール-ロワール、さらにボージャンシィを落とした。ここにボース平野およびロワール下流域の掃敵作戦を完了し、マン-シュール-ロワールに本営を移したソールズベリ伯は、いよいよオルレアン攻めを開始する。一〇月一二日、オルレアンの市民はロワール川の対岸に敵勢を見た。

一七日、日曜日、攻撃が始まった。対岸の土手の上に据《す》えられた「偽兵士」という愛称の親玉級のをはじめ各種多数の臼砲から石弾がぼんぼん打ち込まれた。『籠城日記』というオルレアン側の覚書があって、その報告によると、石弾は一二四発を数え（それにしても、いったいどうやって集計したのか）、その中には重さ一一六リーヴル（五八キロ）の玉があったという。イギリス軍は「偽兵士」級のを三門据えていた。オルレアン側は、これよりひとまわり大型の一門を含め、各級合計七二門の臼砲を備えていたという。ロワールの川幅は約四〇〇メートル。「偽兵士」級ので射程距離、ゆうに一〇〇〇メートルはあったというから、石弾は十分な余力を残してオルレアン市街を破壊したことであろう。ところが『籠城日記』の報告によると、「シェノー間道のそばに住いするベルという名の女」（つまり「美女」ということだ）のほかに死傷者は出なかったという。

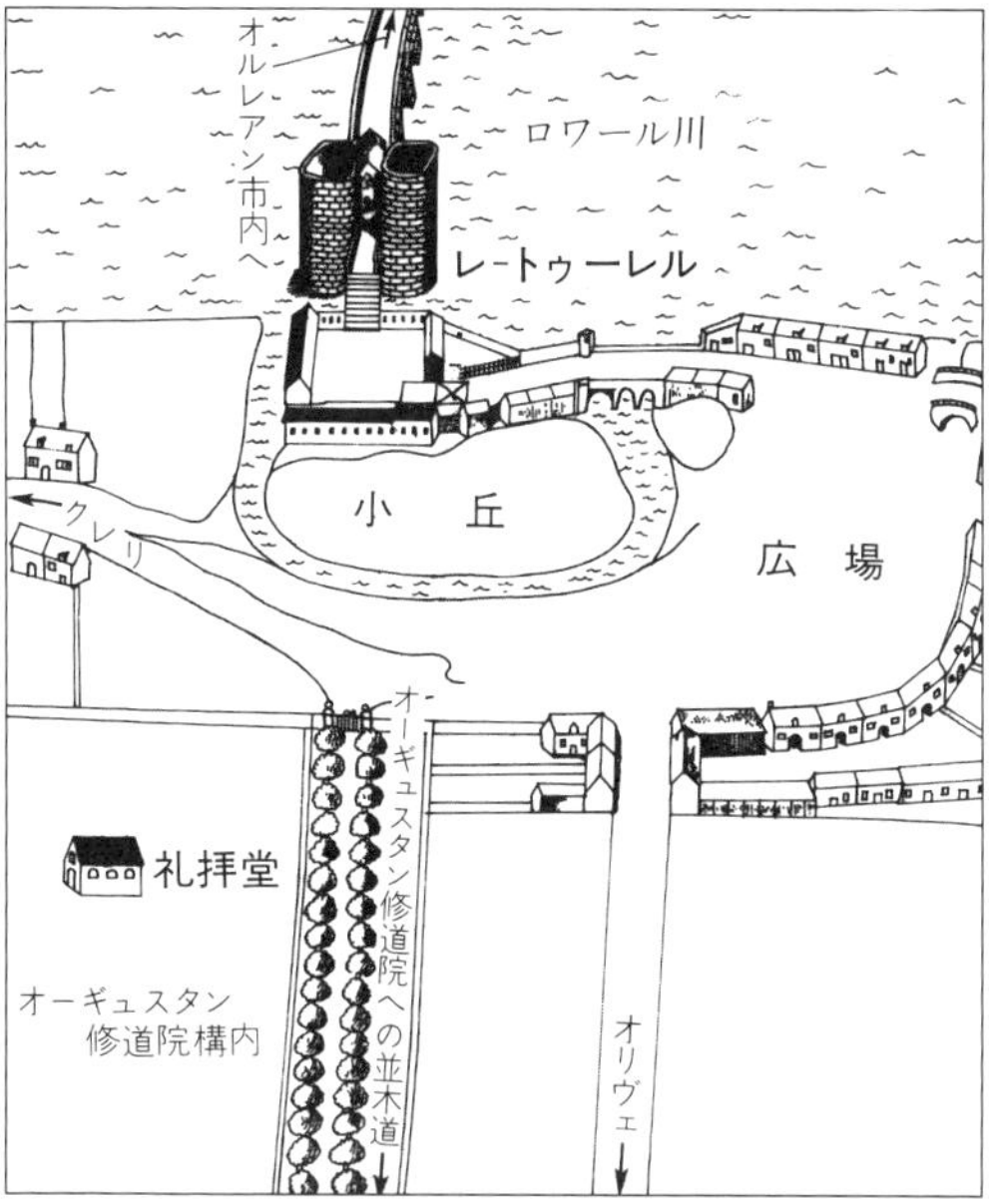

レ-トゥーレル（17世紀を想定した作図）

❖「レ-トゥーレル」をめぐって

にぎやかな石合戦を背景に、戦闘の焦点は「レ-トゥーレル」にあった。30ページの概念図をごらんいただきたいのだが、当時のオルレアンは長辺一キロ弱、短辺五〇〇メートルほどの長方形で、対岸のロワール左岸とは、中流右岸寄りの中州をまたいで一本の橋でつながっていた。31ページの概念図をごらんいただきたい。橋の左岸の両のたもとに石積みの塔がうずくまり、そのあいだを抜けると四囲を建物に囲まれた小広場に出る。二〇メートルに二五メートルほどの空間である。そこを左にゆくと小橋があり、それを渡ると広場に出る。そこではじめて対岸に渡ったことになるのであって、双塔と小広場と、その裏手の土盛りの部分とは、本流からはいり込む幅八メートルほどの細い水路で囲まれた、いってみれば中州なのである。これを総称して「レ-トゥーレル」と呼んでいた。

橋はオルレアンをロワール以南のベリー地方につなぐ動脈であり、「レ-トゥーレル」はその関門であった。ちなみに、現在のオルレアンのジョルジュ-サンク（ジョージ五世）橋は、この古橋よりも一〇〇メートルほど下流にかかっている。橋を渡り切って左に曲ると小公園ふうの一角があり、「レ-トゥーレル」の位置が示されている。ジャンヌ＝ダルクの立像と、「むすめ（ラ-ピュセル）の十字架」と呼ばれる記念碑が立っている。

さて、北とロワール下流の方面を押さえても、「レ-トゥーレル」をとらないことには、ベリー方面の王太子の勢力圏からオルレアンを切り離したことにはならない。「レ-トゥーレル」奪取、これがさしあたり、オルレアン攻囲の態勢を整えるために必要であった。オルレアン側は、すでにこれを予想して、イギリス軍の接近を知るや、いちはやく「レ-トゥーレル」周辺の家屋や教会堂など、一切の建造物を破壊してしまった。敵に便宜を供することにならないように配慮してのことである。これは籠城に際しての当時の都市の常套《じょうとう》戦法であって、右岸の市街を囲む城壁の外に位置する、いわゆる城外地区（フォーブール）もまた、完全に破壊されたのである。城壁にとり囲まれた市街、砦と化した「レ＝トゥーレル」、オルレアンは余計な部分を切り捨て、中世都市本来の姿に立ちもどって敵軍を迎えた。

❖最初のつまずき

二二日、イギリス軍は本腰を入れて「レ＝トゥーレル」奪取を計った。オルレアン側は、形勢を不利と見て、みずから橋の一部を崩し、中州に砦を構築した。オルレアンは対岸から切り離された。翌日、「レ＝トゥーレル」にイギリス王家の旗がひるがえった。これまでのところ、事態はソールズベリ伯の計算通りに運んでいる。かれは、二四日、「レ＝トゥーレル」に出向き、塔にのぼって対岸の市街を遠望し、いかにしてこれを攻むべきか、想を練った。そのとき、不慮の事態が発生した。年代記家アンゲラン＝ド＝モンストルレはこう伝えている。

そのとき、伯はくだんの窓際にいたのだが、突然、くだんの市街から大砲の石弾が飛来して窓を壊し、窓に寄っていた伯は、石弾の空を切る音に気付いて部屋の中に身をひいたのだが、にもかかわらず、弾に当たって致命的に傷つき、顔面の大部分がもぎとられたのであって、伯のそばにいたさる貴人は、この打撃で即死してしまったのである。

石弾は例の中州から飛来したともいい、市街の城壁の一角からともいう。いずれにせよ、大砲係の小者の過失による誤射であったと記録は報じている。マン-シュール-ロワールの本営に運ばれたソールズベリ伯は三日後に死んだ。

神の裁きだと人々は噂した。なにしろソールズベリはマン-シュール-ロワール近郊の巡礼聖地ノートルダム-ド-クレリを掠奪したのだ。なにしろかれは、シャルル=ドルレアンがロンドンに捕囚の身だというのに、その領国オルレアン侯領を狙っているではないか。捕虜にしたもの の領地の保全、これは封建倫理の根幹をなす掟である。ソールズベリ指揮下のイギリス軍のオルレアン攻囲は、なによりもまず、この封建倫理の侵犯と受けとめられたのである。オルレアン市民五〇〇〇は、その領主シャルル=ドルレアンのために戦う。まず王太子のために、「フランス」のためにではない。その点、錯覚してはならない。

神の裁きかどうかはともかく、ソールズベリの死は、有能な指導者の喪失という意味で、イギリス軍にとってつまずきとなった。オルレアン攻囲は、以後、トーマス=スケールズ、ウィリアム=サフォーク、ジョン=タルボット三者の集団指導下に継続されたが、結局のところ、なにか最終的なつめにおいて欠けるところがあったとの印象がぬぐいがたいのである。このつまずきさえなかったら、とイギリスの歴史家は考える。歴史における偶然の契機についての古く、また新しい議論に、これはひとつの材料を提供するのである。

❖両軍の兵力

ソールズベリ負傷の翌日、「オルレアンの私生児（バタール＝ドルレアン）」とあだなされたデュノワ伯ジャンを筆頭に、オルレアン侯方の領主たちが多数、オルレアン市内にはいった。これまではオルレアン侯のオルレアン代官ラウール＝ド＝ゴークール指揮下の守備隊の戦いであったが、この時点を境に、王太子の財務官から給与を受けるこれら領主たちの連合組織が結成されたのである。「オルレアンの私生児」は、オルレアン侯シャルルの腹違いの弟である。庶子でありながら、父オルレアン侯ルイの正妻、つまりシャルルの母ヴァランティーヌ＝ヴィスコンティの手で、腹を痛めた子同様に育てられた。いま、侯家の危急に際して、オルレアン防衛の指揮をとる。そのかぎりで、戦いは侯家の戦いである。だが、にもかかわらず、かれを含め、かれら領主たちは、それぞれに率いる手勢について、フランス王家から報酬を受けとるのである。戦いはフランス王家の戦いでもあった。

ところで、いったいイギリス軍の兵力はどのくらいであったのか、守る方はどうだったのか。まずイギリス軍の方だが、一旦イギリスに帰っていたソールズベリ伯がこの作戦のために本土から連れてきた軍勢が槍兵四〇〇と弓兵二二五〇、パリの「フランス摂政」ベドフォード侯の用意した兵力が槍兵四〇〇と弓兵一二〇〇、封建契約に基づいてノルマンディーの領主たちがソールズベリに提供した兵力の総計が槍兵二〇〇〇と弓兵六〇〇〇、計五〇五〇という数字が例えばある。だがこれは公称で、実動の数字はおそらくもっと下る。確実なのは給与支払い簿からの集計だが、それによると、例えば戦闘員三四六七と従者八九八という数字がある。しかし、実は公称の数字、実数、いずれのばあいにせよ、セーヌ川とオワーズ川のあいだの「フランス」と呼ばれる土地の領主たちが提供した分については史料が欠落していて不明であり、また、当時イギリスと同盟関係にあったブルゴーニュ侯フィリップの手の者の参加人員も確かめられず、結局、「五〇〇〇人ていど」というぐらいの漠然とした数字しか出せないのである。

オルレアン側だが、前にも述べたように、これはオルレアン代官配下の守備隊と、「オルレアンの私生児」ほかの領主たちの自発的な参加による増援隊と、それからオルレアン市民五〇〇〇の大別して三つに分けられる。ロワール川の南の土地の領主たち、くわえてアラゴン、ロンバルディアの領主たち、さらにはスコットランドの領主たちが、それぞれ部下を率いて王太子シャルルと契約を結び、給与の支払いを受けてオルレアンにはいった。だから、この部分については当時ベリー侯領のブールジュで経営されていた王太子の政庁の財務関係の史料に明らかである。入市当初は総計三八五ていどの人数であったが、これが次第に増えて、翌年の復活祭のころには、隊長二一、槍兵五六二、弓兵四三八という数字になる。これに恒常的な守備隊と、オルレアン市民のうち戦闘能力のある男子を加えて、総勢四〇〇〇というところがレジスタンス側の戦力ということになろうか。

❖にらみ合いの冬

一一月八日、オルレアン市民は対岸のイギリス軍が、あるいは下流のマン=シュール=ロワール方面へ、あるいは上流のジャルジョー方面へ移動するのを見た。だが、これは終わりではなく、始まりであった。近づく冬に備えて、イギリス軍は、要所要所に砦を築き、必要最小限の人員を配備して、オルレアンを封鎖する作戦に出たのである。「レ=トゥーレル」はウィリアム=グラスデール配下の五〇〇の兵が固めた。橋を壊して中州に作ったオルレアン側前衛の砦とのへだたりはわずかに一〇〇メートルていど。両者が小競り合いを演ずるかたわらで、イギリス軍はまず下流方面の封鎖作業を進めた。『籠城日記』の一節はこう述べている。

このころ、イギリス勢は大いに働いて、ロワール川にふたつの砦を作った、ひとつはサン=ローラン（教会堂）にまっすぐ面した小さな島に、束柴《たばねしば》と砂と木材で、もうひとつはその島に面した河縁のサン=プリヴェの原に。この地点でかれらは川を渡り、物資を運んだのだが、このふたつを守るべく、イギリスのマレシャル、ランスロット=ド=リールが隊長に任命されたのである。

「マレシャル」はもともと「厩奉行《うまや》」といった意味だが、この時代の官職としては、軍司令長官の訳語がふさわしい。「マレシャル」が砦の守備隊長とは！　いかにこの地点の押さえが重視されたかが分かる。

概念図をごらんいただきたい。下流のシャルルマーニュ砦とサン-プリヴェ砦のことである。ここを渡河地点として、サン-ローラン教会のあたりに大きな砦を作った。これを本拠として、さらにラ-クロワ-ボワセ、ロンドル、ルーアン、パリスと連なる連珠砦《れんしゅさい》が形作られた。オルレアン-パリ街道に出るパリジス門、ベルニエール門、ロワール下流域への街道に出るルナール門が封鎖された。この一連の作業は一二月中に完成した。

上流の方面、いいかえればオルレアン東面の封鎖は、どう見ても完璧とはいいがたかった。南岸の土手にサン-ジャン-ル-ブラン砦を構築しはしたものの、北岸については作業はずっと遅れた。結局、翌年の三月にサン-ルー砦が作られるまで、ブルゴーニュ方面に通ずる古「ローマ道」に出るブルゴーニュ門は、ほとんど出入り自在だったのである。だから、一一、一二、一、二と冬の四か月のあいだ、この方面では、新たに入市する領主とその手勢、王太子と連絡をとろうと町を出る隊長たちやオルレアン市民の代表団、ともかくも継続的に運び込まれる物資と、人と物の出入りが恒常的に続いたのである。

敵に包囲されて飢えのせまった都市というイメージは、このばあい適切ではない。五〇〇〇人もの市民が完全に封鎖されたら、とうてい一か月ともつものではない。いってみればオルレアン冬の陣は、ロワール下流方面の連珠砦と、ブルゴーニュ門を通じて背後とつながるオルレアンとのにらみ合いであったのである。イニシアティヴはイギリス側の手中にあった。「私生児」は積極的な反攻策は立てず、ひたすら受身の構えに徹した。小競り合いは間断なく続いたものの、戦局はまったく動かず、まさしく「西部戦線異状なし」であった。

❖春の反攻に備えて

「オルレアンの私生児」は、春の反攻に備えて王太子との連絡を密に保つことにもっぱら腐心していたとの印象が強い。だいたいが、この時期の状況をどう考えるかによって、「オルレアンの役」全般についての評価、ひいてはこの時代についての理解の差が出てくるのである。古典的な見方として、オルレアンは孤立していた。王太子はなすすべを知らず、うつけた表情で爪をかんでいた。王太子の顧問官どもは小悪党揃いで、人の足をひっぱることだけしか考えていなかった。オルレアン市民に飢えがせまっていた。「私生児」は、ただもう武勇一点張りの無骨者で、どうしたらよいか分らず、むやみに怒号していた。まあ、こういった見方がある。そこへジャンヌ＝ダルクが現れて全員に活を入れたという筋書になるのだが、この見方はどう考えても史料的に支持されないのである。たとえば前述のように王太子の財務官から給与を受ける領主貴族の戦士団の数の伸びという事実がある。次ページのグラフをごらんいただきたい。

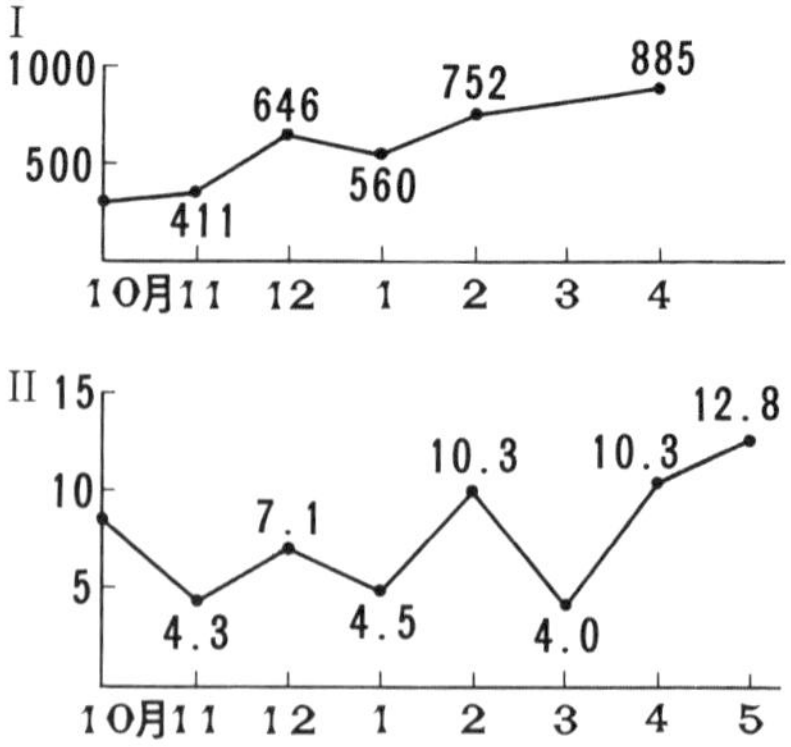

オルレアン増援隊の兵士数の伸長（Ⅰ，単位人）と支払われた給与の月間集計額（Ⅱ，単位1000リーヴル-トゥールノワ）王太子の財務官の勘定簿に記録されたもの。なお，クレルモン伯の軍勢とオルレアン守備隊及び市民軍はこの数字に含まれない。

王太子は、オルレアン側の要請に応じて、不十分ではあったかもしれないが、冬のあいだの籠城維持に配慮している。そして春を待って反攻のための軍勢を派遣した。ここには王太子の意志が継続的に働いている。「私生児」と王太子の共同謀議の匂いさえも、そこには感じられるのである。それならば、なぜもっと早く反攻のための軍勢を出さなかったかとセッカチな「評論家」は叫ぶ。ひとつには、当時冬期には大規模な作戦行動が不可能だったからであり、またひとつには、イギリス軍の側からの大規模な攻撃が企図されなかったからである。ともかく冬に戦争するとどうなるか。一二月三一日のある小競り合いについて『籠城日記』はこう述べている。

そうしてイギリス勢は、なんのことはない、泥まみれになっただけのことであった。なにしろその刻限は土砂降りの雨だったのだ。

❖にしんの戦い

一月の末、「私生児」はオルレアンを出てブロワにおもむき、クレルモン伯シャルル＝ド＝ブルボンと会談した。シャルル＝ド＝ブルボンは、王太子の父シャルル六世の後見役についた有力諸侯のひとり、一四一五年、アザンクールの戦いで捕虜になったジャン＝ド＝ブルボンの息であり、当時王太子の側近にあった。オルレアンに帰った直後、二月一〇日、「私生児」は二〇〇の手勢を連れて北へ向かった。クレルモン伯の軍勢四〇〇〇と合体して、イギリス軍の補給隊をボース平野のルーヴレ‐サン‐ドニで襲おうという計画であった。およそ三〇〇台の荷車に軍需品と食糧、主として塩づけのにしんを積んで、ジョン＝フォルスタッフとパリ代官（プレヴォ）シモン＝モリニエール指揮下の一五〇〇の軍勢が護衛するこの補給隊は、パリのベドフォード侯が用意したものであった。

数の上から見ても明らかに王太子側に分があった。だれしもが勝ちいくさを予想した。ところが、実にばかばかしい限りの拙劣な攻め方をして、クレルモン伯・オルレアン守備隊の連合勢は自滅してしまったのである。まず第一に、クレルモン伯の本隊の会合地点への到着がおくれた。それだけならまだしも、伯はやつぎばやに伝令を送って、先に到着していた「私生児」の手勢の行動を制約した。全軍が合体するまで待てと待ったをかけて、あたら先制攻撃のチャンスを、「私生児」はじめラ＝イール、ポトン＝ド＝サントライユといったオルレアン隊の有能な将官たちから奪ってしまったのである。その間に、イギリス勢は、荷車と杭を使ってみごとな仮設陣地を作りあげ、弓兵が満を持して敵勢の接近を待ち構えるという態勢を整えることができたのである。

第二に、クレルモン伯の指揮ぶりのにぶさにごうをにやしたスコットランド勢の「マレシャル」ジョン＝スチュアートが、なにを考えてか、その手勢四〇〇あまりをわざわざ馬からおろし、徒歩《かち》で前進させるという愚を犯した。これが戦闘の口火となった。待ち構えていたイギリス軍の弓兵、「長弓」隊は、その射程距離の長さと狙いの正確さとをいかんなく発揮した。ちなみにイギリスの「長弓」は、一三世紀末、エドワード一世の創始したもので、その射程距離、実に五六〇メートル、いちいないしとねりこ材の、先端に鉄のやじりをつけた矢の発射速度は一分間に一〇本から一二本を数えたという。これに対し、フランス軍の好んだ伝統の「弩《おおゆみ》」は、その「四角矢」をせいぜい一分間に二本しか発射できなかったのである。破壊力は後者が優るとはいえ、集団戦における前者の優位はまず確定的であった。

さて、そういう次第で、ジョン＝スチュアート麾下《きか》の四〇〇は隊長もろとも全滅した。「私生児」は脚に矢を受けて戦場から脱落した。戦死者のなかにはオルレアン防衛隊の高名な隊長の幾人かが数えられた。戦闘のイニシアティヴは完全にイギリス勢ににぎられた。クレルモン伯は、この戦況を見るや、さっさと退却した。本隊はほとんど戦闘に参加しなかったのである。ラ＝イールをはじめオルレアン守備隊の残党が本隊の引き揚げを援護する形となった。戦場には塩づけにしんが散乱し、世間は嘲笑まじりに「にしんの戦い」のことを噂した。「フランス王シャルルは」と、年代記家モンストルレは神妙に記している。王太子のことである。「かかる成行となったこの不幸な出来事に深く心をいためた、ことごとに事は志に反し、事態はますます悪くなるとみて。」

　王太子はがっかりしたことでもあろう。苦笑して首を振ったと見もせぬ嘘を書いておこう。もっとがっかりしたのはオルレアン市民であった。せっかく期待したにしんが手にはいらなかったばかりか、戦いもせず退却したクレルモン伯の大部隊が市内にはいり込み、ただでさえ不足がちな食糧を食い荒す。「私生児」は負傷し、隊長たちの数も減った。あまつさえ、いずらくなったクレルモン伯は、一八日、町を出ていったが、それと一緒に、どういうことだか、ラ＝イールをはじめ、多数の隊長がオルレアンを去った。とりわけ精神的支柱であったランス大司教ルニョー＝ド＝シャルトルとオルレアン司教とが町を出たのが市民の志気に響いた。市民のあいだには確かに沈滞のムードがただよいはじめた。オルレアンは、この後、いちばん苦しい時期を迎えるのである。

❖籠城と画策と

このあたりから話はミステリーじみてくる。クレルモン伯の軍勢が町を退去した二月一八日から、王太子の送った補給隊がジャンヌ＝ダルクを伴ってオルレアンにはいった四月二九日まで、この期間については、なんにせよ事実経過がよく分らないのである。ひとつひとつをとってみればそれぞれ重大な意味のありそうないくつかの事件が起こった。それをどうつないで理解するか。歴史叙述はみんなそんなものだといってしまえばそれまでだが、ともかく、事実と推測の関係について考える上に、この期間はまたとない材料を提供してくれているのである。

かくて守備隊の数も減り、見捨てられてしまったと思ったオルレアンの人々は、イギリス軍の勢力が、その陣立てが日々増々強化されつつあると見て、ここにポトン＝ド＝サントライユと何人かの市民をイギリスに味方するブルゴーニュ侯フィリップ及びリニイ伯ジャン＝ド＝リュクサンブール殿のもとへ派遣し懇請せしめた、オルレアンの人々のためにご配慮あらんことを、イギリスに囚われの身のかれらの領主オルレアン侯シャルルのためを思われるならば、その領土の保全のためにも、せめては王国の混迷に解決の光のさし込むその日までイギリス軍との戦争の停止のことをなんとかお講じあって、イギリス軍をして陣を解かしめるべく尽力下さらんことを、これの望みうべくんば、オルレアンの人々にご援助あらんことを、かの囚われの身のかれらの親族の者のために、と。

『籠城日記』の一節である。クレルモン伯の軍勢が退去したのと同じ二月一八日か、その翌日の記事と思われる。「イギリスに味方する」ブルゴーニュ侯に対し「かの囚われの身のかれ（かれら）の親族の者のために」イギリス軍との講和の仲介を要請する使命を帯びたオルレアン市の使節団が出発したという趣旨の報告である。ブルゴーニュ侯のことについては後章に詳しく述べるが、当時侯家の当主フィリップは、一四一九年に父侯ジャンが王太子を擁立していたオルレアン派諸侯の手にかかって殺害された事件をきっかけに、王太子と縁を切り、イギリス王家と同盟を結んでいた。

ブルゴーニュ侯家はローヌ川中流のブルゴーニュ侯領および伯領と、北フランスのアルトワ、フランドル、およびネーデルラントを領する一大諸侯である。系譜をさかのぼれば前世紀中葉のフランス王ジャン二世にいたる。すなわちヴァロワ王家の一族であり、フィリップの父侯ジャンと、シャルル＝ドルレアンの父侯ルイとはいとこ同志の関係になる。この血縁を頼ってオルレアンは、その領主のために、敵方のブルゴーニュ侯に救援を求めた。ここには公的な政治関係の枠を越えた、いやむしろその下層の構造ともいうべき私的関係への回帰が認められる。領主オルレアン侯に対する封建的連帯の感情がこの決断を生んだ。王太子はオルレアンを見捨てた。だからオルレアンは自己救済の権利を発動したのだ……。こんなふうに説明されている。

なるほどもっともらしい。だがはたして王太子はオルレアンを見捨てたのか。見捨てる、見捨てないというほどの政策の転換がこの時期に見られたのか。オルレアン防衛の指導者「私生児」の立場は、このばあい、どういうことになるのか。疑念はつきないのである。

❖ジャンヌのシノン到来

この頃、と『籠城日記』はすぐ続けている、「むすめジャンヌ」がシノンについた、と。この記事に日付はないし、ジャンヌのシノン城到着の日時は必ずしも確定されてはいない。二月二三日説が有力だが、三月六日に下げる見方も古来あった。当時王太子はロワールの支流ヴィエンヌ川沿いのシノン城にいた。そこへ北東フランスのシャンパーニュの東のはずれからはるばるひとりの娘が王太子に会いにきたというのだが、そんな詳しいことは日記に書かれてはいない。なんのコメントもなくいきなり「むすめジャンヌ」と、なにか唐突な感じがしないでもない。のち一四五〇年代に行われた「ジャンヌ復権訴訟」での証言によると、オルレアン代官ラウール=ド=ゴークールは、このときシノン城に居合わせたという。「私生児」もまた、部下を二名シノンに派遣して、噂の真偽をさぐらせたという。

つまりオルレアン側はなにも知らなかったのである。オルレアン側は「ジャンヌ事件」に対して完全に受け身であったと見る見方がある。いや、そうではない。なにか全体に作為の匂いが強い。オルレアンと王太子とのあいだには、この件に関し、あらかじめ了解が成立していたのではないか。ブルゴーニュ侯への使節団派遣の件も、その了解のなかにはいっていたのではないか。そういう見方も十分成り立つ。

これは後章でなお詳細に紹介しようと思っているのだが、通観して王太子の戦略の眼目はブルゴーニュ侯にある。ブルゴーニュ侯との和解を前提とする対英作戦の展開を王太子、あるいはその顧問官たちは考えているのである。してみればオルレアン使節団の派遣に王太子が一枚噛んでいたとしてもふしぎではない。さらに、ジャンヌ＝ダルクの到来がこの件とまったく無関係であったといえるかどうか。王太子は春に巻き返しを企図し、その準備として、まずブルゴーニュ侯の了解をとりつけようとした。他方、「むすめジャンヌ」にオルレアン解放の使命を仮託した。ひとつの仮説として、そう考えられる。

三月にはいり、イギリス軍は上流右岸にサン-ローラン砦を構築しはじめた。オルレアン-ブルゴーニュ街道が敵勢の監視下におかれ、ブルゴーニュ門を通じての人と物の出入りが制約されるにいたった。オルレアンはここにはじめて籠城の状況を迎えたのである。『籠城日記』に書きつづられる細々とした食糧搬入の有様が、細々としているだけにかえって食糧不足に悩む市民の生活を想像させる。「馬七頭分のにしんその他の食糧」といったぐあいである。裏切りを想像させるような奇妙な事件も起こった。パリジス門近くの施療院の壁に人ひとり通りぬけられるほどの穴があけられたとか、城壁の砲眼ふたつがぬりつぶされていた、とか。オルレアン市民は極限状況へとしだいに追い込まれてゆく。これもまた王太子の計算にはいっていたのであろうか。

だが、ともかくもオルレアンへの物資補給はコンスタントに続けられていた。ジャンヌ＝ダルクに関する情報が着実に拡散されつつあった。オルレアン使節団は、おそらくフランドルのブリュージュで、あるいはパリで、ブルゴーニュ侯と接触しつつあった。ブルゴーニュ侯は、四月初頭以降、パリに滞在し、ベドフォード侯との折衝にはいった。

こうして、四月中旬を迎えた。

❖王太子軍動く

四月一三日、オルレアン守備隊は六二六四リーヴル＝トゥールノワ（トゥール貨リーヴル）にのぼる給与の支払いを王太子の財務官から受けた。これは一度の支払いとしては画期的な規模のものであった。これをひとつの徴候と見ることができる。四月一七日、オルレアン使節団が帰着した。ブルゴーニュ侯の調停はけっきょく成らなかった。だが、使節団に同行したブルゴーニュ侯の使者は、イギリス軍に参加していたブルゴーニュ侯方の軍兵に対し、即刻陣を引きはらうよう、侯の命令を伝えた。総勢どのくらいであったかは定かでない。『籠城日記』は

「多数のブルゴーニュ人、ピカルディー人、シャンパーニュ人、その他ブルゴーニュ侯の領国およびその支配する土地の人々」といいまわしている。いずれ、まとまった数の軍勢ではなく、個人参加のかたちでイギリス勢のあいだに入りまじっていた連中と思われる。だから兵力としては大したことはない。だが、このことの持つ意味は重要である。ブルゴーニュ侯は王太子に対しフリーハンドを認めたのだ。ブルゴーニュ侯の了解は事実上とりつけられた。これもひとつの徴候と見ることができる。

氷は融けた。オルレアン解放の仕掛けが動きだした。

下旬にはいって、四〇あるいは六〇と、それぞれ手勢を率いた領主たちが続々と町にはいった。一隊また一隊とつくたびごとにオルレアン市民の期待は高まった。王太子はオルレアンを見捨ててはいなかった！　一時は見捨てられたと思い込んだだけに、民衆の感情の素直な揺返しは大きかった。王太子の作戦（これがほんとうにたくらまれた筋書であったとしたならばのはなしだが）はみごとに効を奏した。この作戦の最後の仕上げが、二九日、ジャンヌ＝ダルクの入市であったと見てよいであろう。『籠城日記』に描述されたオルレアン市民の熱狂的な歓迎ぶりを疑わなければならない理由はなにもない。

じっさい、もしこれが真実王太子の謀略であったとしたら、その狙いは実に巧妙であったといわねばならない。この日、王太子は、王太子妃マリー＝ダンジューの母、アンジュー侯妃、

馬上のジャンヌ

むしろシチリア王妃とふつう呼ばれるヨランドの肝煎《きもいり》で用意された「荷車に多量の牛、羊、豚の肉、その他食糧」の輸送隊をオルレアンに送り込んだ。この補給隊（その規模は残念ながら記録に残ってはいないが）に付き添うかたちで、ジャンヌ＝ダルクの一行が入市したのである。飢えの恐怖は、解放の予言者の到来と共に去った。

ジャンヌの一行が町にはいったのは夜の八時頃であったという。五人の部下（これは槍兵隊の一単位である）と、ブロワから同行したラ＝イール、それに途中まで出迎えに出た「私生児」ともうひとり、計八名に伴われた小人数の一行であった。オルレアンの市民たちは松明《たいまつ》を手に一行を出迎えた。甲冑に身を固め、白馬にうちまたがったジャンヌは、「私生児」と連れ立ってブルゴーニュ門をくぐった。二天使の図柄の軍旗がジャンヌに先行した。押すな押すなの騒ぎであったためか、松明の火が旗に燃え移った。ジャンヌは落ち着いて軽く馬を進め、その火を消しとめたと、『籠城日記』はジャンヌの沈着ぶりを称えるかの口振りである。

王太子の組織したオルレアン救援軍はブロワに集結していた。五月一日、「私生児」はオルレアンを出てブロワに向かった。五月四日、かれは援軍を先導してオルレアンに帰った。援軍の規模については記録は十分とはいえない。弩の矢とか火薬の給付の記録などから、あるていどは推察できる。たとえば、オルレアンの会計官が、五月六日付で、一万四〇〇〇本の矢の代金を支払っている。弩の発射速度については前に紹介した。穿鑿好きの方は、これがどのていどの兵力に相当するか、ひとつ計算してみていただきたい。一方、イギリス軍の方も増強の手を打っていた。パリのベドフォード侯がジョン＝フォルスタッフに与えた増援隊が、この頃、すでにジャンヴィルまで南下していた。

オルレアンの攻防は、ようやく大詰を迎えようとしていた。

II

百年戦争後半の幕あけ

王権横領

❖三すくみのフランス

オルレアンの戦いは、「百年戦争」という出し物のなかの一場景である。正確にいうと、「オルレアンの戦い」という事件を含む一連の事件の連鎖があって、それをわたしたちは「百年戦争」と呼んでいる。こういったほうがいいかもしれない。この場景の幕があがったとき、フランス王国には三つの政権があった。ひとつは、ノルマンディーとギュイエンヌ（アキテーヌ）とパリを押さえるイギリス。イギリス王ヘンリー六世はフランス王を兼ねている。その摂政ベドフォード侯がパリに政庁を開いている。次に、アルトワ、フランドル、さらにネーデルラントに勢力を張り出しているブルゴーニュ侯フィリップ。かれは、通常、フランドルのブリュージュにいる。最後に、ロワール中流域のベリー侯領の首府ブールジュに政府を構える王太子シャルル。ロワール川以南は、大体かれの統制下にある。かれはまだ父王シャルル六世の王位を相続していない。

一四二〇年代、この三政権が、いわば三すくみの状態にあった。イギリス王は対フランス政策に関してブルゴーニュ侯と同盟を結んでいたが、ことネーデルラント方面については、両者は利害を異にしていた。王太子はイギリスと戦ってはいたが、ブルゴーニュ侯とはいつでも和を結ぶ構えでいた。この時期のフランス史を考えるには、従来好んで使われてきた「内乱」とか「外敵侵寇」といった言葉は適当ではない。むしろ、王太子シャルル、ブルゴーニュ侯、イギリス王、あるいはさらに限定してその名代ベドフォード侯、さらにドイツのバイエルン家、ネーデルラント諸侯、ブルターニュ侯等々、ヨーロッパ諸勢力の「国際関係」という観点から問題をとらえたほうがよいのではないか。そのばあい、近代史でいう「国家」という単位をそこに想定する必要はまったくない。そういう考え方が最近出てきている。ともかく、フランスとかイギリスとか、ましていわんやドイツといった「国家」は、まだ形成途上にあった。国家単位で考えてゆくと、説明しきれない部分が多く残るのである。かといって、「封建国家」の時代のように、「封建領主」という単位で考えてもうまくゆかない。なにか、この時代の政治構造を説明するのにふさわしい、うまい言葉づかいはないものか。その辺のところを、中世末期ヨーロッパ史の研究者は模索しつつある。

さて、オルレアンの戦いを含む一四二〇年代の情勢を考えるには、視線を半世紀ほどさかのぼらせてみなければならない。王の治世年代でいうと、王太子シャルルの父王シャルル六世（一三八〇～一四二二）の時代をふりかえり見る必要があるということになる。さしあたり、その父王シャルル五世のことが話題になる。

❖名君シャルル五世

ヴァロワ王家の三代目は名君であった。

ヴァロワ家のカペー王権継承にからむイギリス王家との抗争は、父王ジャンの代、一三六〇年のブレチニー条約において、フランス王家側の決定的な敗北をもって、第一ラウンドを終了したかに見えた。だが、実のところ、王太子シャルルは負けたとは思っていなかった。もともとジャン王は、五六年のポワチエの戦いで捕虜になっていて、その後の政策展開は、ジャンの名代、王太子シャルルのものであった。ブレチニーの和は、むしろ王太子シャルルの側が主体的に動いてのものだったのである。確かに、イギリス王エドワード三世は、旧アキテーヌ侯領を手に入れた。プランタジネット王家の始祖ヘンリー二世の大陸領土を、ほぼ半分、回復したのである。だが、そのかわりに、フランス王位継承権を放棄した。ヴァロワ王家は、王位競合者をしりぞけたのである。エドワードは捕虜のジャン王を人質にとったつもりでいたが、これは身代金のかたである。身代金金貨三〇〇万枚を支払うほうにこそ強みがあったといえる。王太子シャルルは、相手をじらす道具を手に入れたようなものであった。

譲渡を約束した土地の引き渡しもまた、相手をじらす恰好《かっこう》の材料となった。旧アキテーヌ侯領は、ついにイギリス王家の完全に経営するところとなるまでにはいたらなかったのである。もともとイギリス議会は、大陸領土経営のための財政支出に関しては反対票を投ずる傾向があった。七七年、エドワード三世の死後、エドワードを継いだその孫のリチャード二世の代、イギリス王家は大陸領土に対する関心を捨てるにいたる。八一年のワット＝タイラーの乱に集約的に表現された内政の不安があり、イギリス王家としてはそれどころではなかったのである。

すでにそれ以前、六四年、父王を継いだシャルル五世は、同年、ゲランドの和約にブルターニュ侯家の中立の保証をとりつけた上で（イギリスとの戦いは、ブルターニュ侯家の内紛にひとつの焦点を合わせていたのである）、六九年、イギリスとの戦いを再開し、割譲した領土を次々にとりかえしていった。名君の下に名将あり。ベルトラン＝デュ＝ゲクラン指揮下の傭兵軍団の、プラグマ

シャルル五世　左はカール四世

ティズムに徹した作戦展開である。後年のシャルル七世の勅令軍隊、王の常備軍の原型がここにある。

❖王家財政の立て直し

この作戦は貪欲に貨幣を呑み込んだ。それまで「どんぶり勘定」であった王家財政から、「戦争財務官」をおいて戦争会計を切り離し、エードの一部を戦争経費としてあらかじめとりのぞくという工夫、あるいはまた王の判断において臨機に支出しうる会計として「王の金庫」の創設、これがこのシャルルを、そのあだな「賢王」（ルーサージュ）の名に真にあたいせしめるものとして高く評価されるのである。

ところで、この財政の問題について展望しておくことが、シャルル五世以後の情勢の推移を考える上に不可欠である。財政は初期ヴァロワ王権の泣きどころであった。ヴァロワ王権の発足は、巨視的に見るならば、ヨーロッパ経済の全般的なちぢみ現象下におかれていた。一三世紀の上げ潮が一四世紀にはいると引き潮に転じた。人口増と土地の生産力のバランスが崩れた。人手を増やして荒蕪《こうぶ》地を開墾し、それを三圃農法のシステムにくり込む。それがまた人口増をうながすというプラスのリズムがとぎれた。領地経営は慢性的な人手不足に悩みはじめる。物価が上昇し、貨幣価値が低落する。一三一〇年代の大凶作は不吉な前兆であった。四八年の黒死病（ペスト）の流行がとどめをさした。土地所有のシステムが崩れ、農業労働者が不足する。輸送・コミュニケーションの機能が麻痺《まひ》する。領主経済は不能におちいった。

一三五〇年代の政治的混乱は、この経済的不調を背景としていたのである。この状況下にあっては、王家財政は、とうてい狭義の「王領収入」でまかないきれるものではなかった。これは基本的にはあくまで、王領内の領主経営に依存するものであったのである。カペー家時代の単細胞的な王家諸掛が、しだいにそれぞれ専門の部局に独立し、統治府の機構が、さまざまな慣行のなかから整備されてくる。役人の数も増える。この王室経費の増加に加えて、なんといっても王家のぜいたく中のぜいたくというべきイギリスとの戦争、これが金を呑み込んだ。フィリップ六世末年からジャン王の代のヴァロワ王権は、この収入と支出のアンバランス解消の方策を通貨の改鋳に求めた。五五年までの二〇年間に五〇回の改鋳を数えた、四九年下半期の収入七八万リーヴルのうち五二万が改鋳による収益であった……。いったいこんな事態があってよいものであろうか。ジャン二世にとっても、シャルル五世にとっても、王座は難波船であったのだ。

シャルル五世に、この難問を一挙に解決する妙手があったわけではない。だが、このアナーキーな王家財政の立て直しこそ、ある意味ではシャルルの最大の功績だったのである。ポワチエの敗戦後、パリ商人頭エチエンヌ＝マルセルとの闘争を通じて、王の名代シャルルは、都市に援助金（シュプシードないしエード）を出させることがいかに困難であるかを学んだ。だが、ひとたび三部会（実質的にはこれが都市代表者会議である）との協調が成立すれば、これがいかに確実な財源であるかを学んだ。フィリップ六世の財政顧問官たちが、いきあたりばったりのやり方で工夫した、たとえば塩税（ガベル、塩の専売収入）、あるいは関税が、常時国庫をうるおす貨幣の流れとしていかに貴重であるかを知った。領主たちの国王助力金（古義のエード）も含めて、王国の諸団体に対する直接賦課、これをいかにして一般課税（タイユないしフアージュ）にまでひろめるかの工夫が王権の将来を決めるという見通しを得た。フランス絶対王政の財政的三本柱、タイユ、ガベル、エードの軌道が、シャルル五世の代に敷かれたのである。

❖王族諸侯の専権

人事の統制においてシャルルはすぐれていた。シャルル五世最大の功績はこの点にこそあると見る研究者が多いのである。ある意味ではシャルルは徹底した専制者であった。王太子時代の苛烈な体験が、親族や諸侯に対する不信をつちかった。王権統治の理念が、シャルルの登用した下級身分の顧問官たちの手によって政策化される。財政のエキスパートであったビューロー＝ド＝ラ＝リヴィエール、軍事のベルトラン＝デュ＝ゲクラン、パリの国王代官（プレヴォー

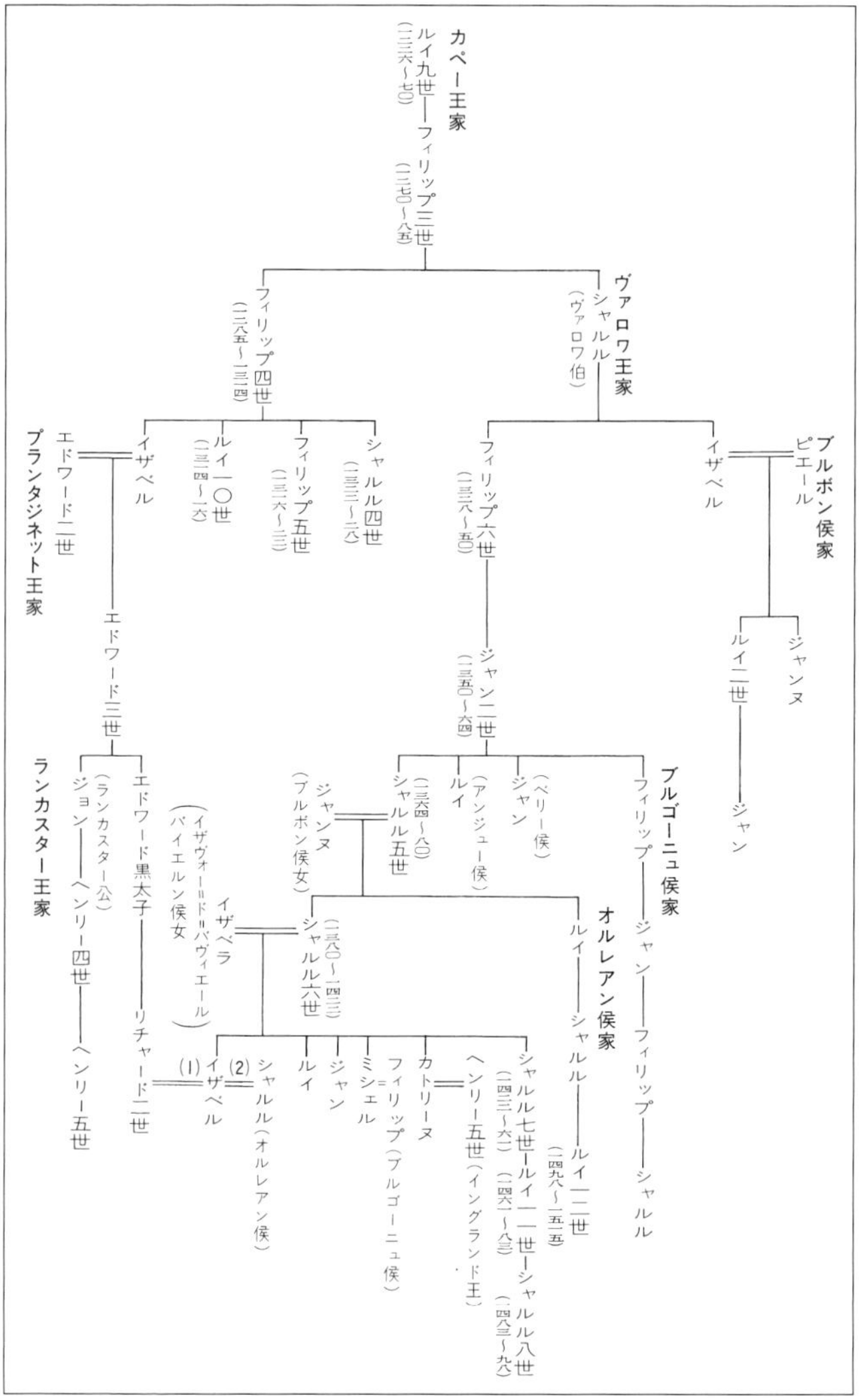
カペー王家
ルイ九世（一二二六〜七〇）
フィリップ三世（一二七〇〜八五）
ヴァロワ王家
シャルル（ヴァロワ伯）
フィリップ四世（一二八五〜一三一四）
エドワード二世
プランタジネット王家
イザベル
ルイ一〇世（一三一四〜一六）
フィリップ五世（一三一六〜二二）
シャルル四世（一三二二〜二八）
フィリップ六世（一三二八〜五〇）
イザベル
ピエール
ブルボン侯家
ルイ二世
ジャンヌ
ジャン
エドワード三世
ジャン二世（一三五〇〜六四）
ランカスター王家
ジョン（ランカスター公）
エドワード黒太子
ヘンリー四世
ヘンリー五世
リチャード二世
ジャンヌ（ブルボン侯女）
シャルル五世（一三六四〜八〇）
ルイ（アンジュー侯）
ジャン（ベリー侯）
フィリップ
ブルゴーニュ侯家
ジャン
フィリップ
シャルル
イザベラ（イザヴォー＝ド＝バヴィエール バイエルン侯女）
シャルル六世（一三八〇〜一四二二）
ルイ
オルレアン侯家
シャルル
ルイ一二世（一四九八〜一五一五）
(1) イザベル
(2) シャルル（オルレアン侯）
ルイ
ジャン
ミシェル
フィリップ（ブルゴーニュ侯）
カトリーヌ
ヘンリー五世（イングランド王）
シャルル七世（一四二二〜六一）
ルイ一一世（一四六一〜八三）
シャルル八世（一四八三〜九八）

百年戦争関係系図

ド＝パリ）ユーグ＝オーブリオ。かれらの多くは、いずれも下級貴族ないし下級聖職者、あるいは都市民出自の「成り上がりもの」であった。かれら「シャルル五世の顧問官たち」こそ、王政に忠実な官僚の系譜を後の世代に残したのである。

だから大方の歴史家は嘆息するのである、もしもシャルル五世が長命を保ったならば、これら顧問官団の王政管理が順調に保証されていたならば、フランス王国は、そののち半世紀におよぶ混迷の状況を迎えることなくすんだろうに、と。それが、シャルル五世は、一三八〇年、急死した。当年わずか一二歳の王太子シャルルがあとに残された。ここに、幼王シャルル六世の後見という名分の下に、王族諸侯が登場する。シャルル五世の顧問官たちは、王政の底辺にもぐる。新たに王の顧問会議を牛耳るのは、アンジュー、ベリー、ブルゴーニュ、そしてブルボンの四侯である。家系図をごらんいただきたい。前三者はシャルル六世の叔父であり、ブルボン侯ルイ二世は、母方の伯父にあたる。前三者は、いずれもジャン二世によって創始された、いわゆる「親王領（アパナージュ）」である。ほどなくこれに王弟ルイが、ヴァロワ伯領、トゥーレーヌ侯領、さらにオルレアン侯領を下賜《かし》されて、いわゆるヴァロワ家系親王領が出そろう。

シャルル六世の治世は、これら王族諸侯が王政を「横領」した時代である。といっても、完全に喰いつぶしてしまったということではない。このばあい、王権は、いわば乳のよく出る牝牛である。なにしろ、シャルル五世の立て直しの効あって、王家財政収支は、一五世紀にはいれば、二〇〇万リーヴル＝トゥールノワの大台を越えるまでにいたる。ちなみに、この時代、他のヨーロッパ諸勢力の構えた財政規模は、数十万の単位で数えられるにすぎなかったのである。この王家財政に諸侯は寄生する。役職に伴う給料、王からの贈与としての年金、援助金徴収にあたっての諸侯の取り分。およそこういった形での王家の金庫から諸侯の金庫への貨幣の流れがひとたび止まれば、諸侯の財政は破産する。王族諸侯間の勢力争いは、この貨幣の流れを確保する争いであり、これに「シャルル五世の顧問官たち」の系譜をひく王家官僚の動きがからむ。かれらも、また、いってみれば「ミニ王族諸侯」である。王家財政に寄生するという点では諸侯と同類である。だが、ともかくもかれらこそ王政の守り手であり、諸侯の王政横領をチェックする大義名分の保有者である。

幼王シャルルを後見する四侯は、シャルル五世の顧問官たちを退け、王政を私した。具体的には王家財政の私物化である。アンジュー侯は、自家の家領政策の一環にほかならないナポリ遠征のための費用を国庫でまかなおうとし、援助金賦課の政策を強行せしめた。ブルゴーニュ侯は、自分のしゅうとであるフランドル伯ルイ＝ド＝マールの要請にこたえて、ガンの反乱鎮圧のために王軍を動かした。さらには、自家の利益追求以外のなにものでもないヘルレ侯領遠征を強行せしめた。

❖かくれた主役マルムーゼ

一三八八年、シャルル六世が親政にはいったのを機に、「シャルル五世の顧問官たち」は巻き返しをはかった。この段階では王弟ルイがかれらの味方についていた。デュ＝ゲクランの後継者である王軍総司令官オリヴィエ＝ド＝クリソンを中心とするかれら「革新派」顧問官団を、世人は「マルムーゼ」と呼んだ。ぶかっこうな人形ないし背の低い男といったほどの意味である。王族諸侯はおとなしくひき下がった。きわめて当然な現実的対応である。王権と事を構えるのはかれらの本意ではなかった。それどころか、かれらの私的な利益追求は、むしろ王権の強化に役立っていた面もあったのである。アンジュー侯の私的利益追求にひきずられた形の、八二年の援助金賦課の強行をめぐる事態の展開が、たとえばよくそれを示している。

この援助金の要求は、ルーアンをはじめ北フランス諸都市の反王権的な動きを呼びさました。三月、パリにマイヨタンの乱が起こった。いってみれば、これは、一三五〇年代、ポワチエの敗戦後のパリの反王権闘争、エチエンヌ＝マルセルの乱の残照である。これにフランドルの情勢がからんだ。フランドル伯に対するガンの反乱は、この年すでに四年目にさしかかっていた。一一月、王軍はフランドルに出兵し、ローゼベクの戦いにガン市民軍を大敗せしめたのである。ガンの指導者フィリップ＝ファン＝アルテフェルデはこの戦いに倒れた。真の狙いは北フランス諸都市の制圧にあったと見てよいであろう。この作戦を指揮したブルゴーニュ、ベリー両侯は、いわばかえす刀で、八三年一月から三月にかけてパリを軍事的制圧下においたのである。問題の援助金賦課が強行された。都市の諸特権が廃棄された。商人頭職が廃止され、パリ代官職に吸収された。王権は、かつて王太子シャルルが手をつけた問題に最後の解答を出したのである。

だから、大局的に見るならば、「諸侯」は王権にとってマイナスの要因であったとはいいきれないのである。かれらの存在が、シャルル五世によって路線のひかれた王政の持続に依存していたのであってみれば、これはいわば当然のはなしであった。問題はかれらのつまみ喰いがあまりにも過度にすぎ、かれら相互間の私的な党派対立が王政という舞台の上に持ち込まれるという事態にあった。だからこそ、八八年、「マルムーゼ」は政策の公的機能の回復、均衡財政および通貨の安定を目標にかかげたのである。そして、確かにそれだけの実績はあげた。

ところが、九二年、シャルル六世ははじめて狂気の発作を起こし、またもや王族諸侯が後見職に返り咲いたのである。「マルムーゼ」は舞台から追い落とされた。以後一四二〇年前後にいたるまでのあいだ、王族諸侯の王政横領の構図がパリを舞台に華やかに展開される。だが、この期間を通じて、「マルムーゼ」の系譜は、けっして途切れることがなかった。かれらは、あるいは国王裁判所に、財政関係の役職に、あるいは王家の家政職に、諸侯の家政職に潜在的に根を張り、諸侯の専横をチェックしつづけた。一四〇九年、ブルゴーニュ侯の怒りにふれて斬首《ざんしゅ》された王家大番頭ジャン＝ド＝モンタギュの名は、かれらの受難碑であり、「マルムーゼ」の正統性の保障であった。かれらの系譜は、かくて一四二〇年代、ロワール川以南に退いた王太子シャルル、のちのシャルル七世の側近につながるのである。かれらこそ、実はこの時代のかくれたる主役であった。華やかな舞台上の王族諸侯の振舞いは、かれらの存在が、「マルムーゼ」の保守する王政の持続に依存していたのであってみれば、つまるところ光の反映にすぎなかったのである。

❖イギリスとの休戦

ところで「マルムーゼ」の政権回復はイギリスとの和平につながった。一三八九年六月、パリの政府は先王の遺志に忠実にイギリス王家との休戦協定を結んだ。三年間の期限つきではあったが、これがけっきょく、リチャード二世のイギリス王家、さらに代が変わってランカスター朝初代ヘンリー四世の代にかけての長い休戦のきっかけになったのである。休戦をさらに進めて和平の取り決めには幾多の障害があった。リチャード二世は、ギュイエンヌ（アキテーヌ）侯としてフランス王に臣従することには同意したが、この「臣従誓約」の内容については、例によって、双方の主張に大きな喰いちがいがあった。ロンドンは、シャルル五世によって奪い返された領土のうち、ポンチューだけは放棄したが、これはもちろんパリの考えるところからは大変なへだたりがあった。

だが、この休戦条約締結を仕事の手始めに、八九年、二二歳にして後見諸侯の手から政権を取りもどしたばかりのリチャード二世は、和平の方向へとロンドン政府をひきずっていった。アキテーヌ（ギュイエンヌ）を預る叔父のランカスター侯ジョンがリチャードを支援してはいたものの、このリチャードの親ヴァロワ政策は、領主貴族層の反感を買うものであった。リチャードはあくまでも強引であった。九六年、かれはシャルル六世とカレーに会同し、その娘、当年わずか七歳のイザベルを妻にめとった。こうしてヴァロワ王家との同盟を固めたリチャードは、領主貴族層の反抗分子抑圧に動いた。イザベルの婚資がリチャードに機動力を与えた。反対派諸侯の頭目、グロスター侯は逮捕の上謀殺され、カンタベリー大司教はローマに亡命した。リチャードは、貴族の反王権策動を一時は根絶することに成功したのである。だが上手の手から水が洩れた。リチャードの粛正は、唯一の味方であったランカスター侯の息、すなわちリチャードのいとこにあたるヘリフォード侯ヘンリーをさえもフランスに亡命せしめる結果を生んだのである。ヘンリーはパリでルイ＝ドルレアンと親交を結んだ。これはこの前後のフランスの政情とからんで示唆に富む事実である。やがてヘンリーはローマのカンタベリー大司教と連絡をとり、九九年の春、手勢を率いて海峡を渡る。リチャードはアイルランド遠征中であった。イギリスの諸侯は、リチャードが留守を託した叔父のヨーク侯をも含めて、こぞってヘンリーの旗下にはいった。リチャードは王座を失い、プランタジネット王朝はその長い歴史の幕を閉じる。ランカスター朝の始まりである。

❖ブルゴーニュ家対オルレアン家

対英和平の方針は「マルムーゼ」からブルゴーニュ侯フィリップに受け継がれた。一三六三年父王ジャンからブルゴーニュ侯領を下賜された末子フィリップは、その妻であり、フランドル伯ルイ＝ド＝マールの娘マルグリットの相続財産として、八四年、ブルゴーニュ（ブルグント）伯領、フランドル伯領およびアルトワ伯領を得た。そういうわけで、ブルゴーニュといえばこれは南東フランスだが、甥のシャルル六世の時代には、北方ネーデルラント方面へとその家領政策を延長する構えに立っていたのである。下顎《あご》の大きな、がっしりした体格のこの五十男は、いまや有力諸侯の構成する国王顧問会議において諸侯筆頭にえらばれ、事実上王政を動かしている。先に紹介したヘルレ侯領遠征にうかがわれるネーデルラントへの関心が、この男フィリップ、あだなをル-アルディ（豪勇）のアルファでありオメガである。八五年には、甥のシャルル六世とドイツのバイエルン侯女イザベラとの結婚を斡旋《あっせん》し、他方自分の息子のジャンと娘のマルグリットにも、それぞれ同じくバイエルン侯家出身の配偶者を配したが、これは当時ネーデルラントのエノー、ホラントおよびセーラントをあわせ領していたバイエルン家との連繫をはかり、ネーデルラントに有利な地歩を固めようとの配慮からであったと考えられる。リチャード二世と王女イザベルとの婚姻政策もまた、フィリップによって推進された。これまた、ネーデルラントに対し潜在的関心を有する、また自領フランドルをめぐって相互に利害関係を持つイギリス王家との和合をはかり、かくてバイエルン侯家、イギリス王家両者のネーデルラント方面に対する関心を中和せしめようとするブルゴーニュ侯家の家領政策から帰結するところであった。

リチャード二世に敵対するランカスター家のヘンリーが亡命途上パリでルイ＝ドルレアンと親交を結んだと先に述べた。ルイ＝ドルレアン、王弟ルイの立場がこの一事に集約的に表現されている。

王弟ルイは七二年の生まれ。パリ北東のヴァロワ伯領、ロワール中流トゥーレーヌ侯領を親王領として受け、さらに兄王発狂の直前、九二年六月に、中部フランスの要地オルレアン侯領をも下賜され、一時王領に吸収されていたオルレアン侯家を再興した。「賭事に打ち興じ、娼婦を愛する男」と当時の無名氏の記録は手厳しく、数世代のちのトマ＝バザンの筆はなお辛辣《しんらつ》である、「種馬のように、きれいな女とみればあとを追いかけ、ひんひんいななく」。中肉中背、端正な面立ち、爛熟《らんじゅく》したフランス宮廷の寵児《ちょうじ》、青年オルレアン侯の評判はきわめて悪かった。

遊び好きの貪欲な若者、しかも兄の王座をうかがうものと、民衆の評価は冷酷である。

その妻ヴァランティーヌはイタリアのミラノ侯の娘であった。その関係もあり、ルイはイタリア方面に対する関心が深く、対イタリア政策、ひいては当時「教会分裂」の渦中にあったローマ法王権の問題においてイニシアティヴをとりたがる傾向が強かった。ブルゴーニュ侯の関心が北方ネーデルラントとドイツに向かっているのと対照的である。だが、法王問題におけるルイの画策はいたずらに裏目に出るばかり。あまつさえ、妻のヴァランティーヌは、九六年、魔女の嫌疑をかけられて宮廷を退去せしめられる仕末。王妃イザボー=ド=バヴィエール、すなわちバイエルン侯女イザベルはブルゴーニュ侯のいいなりである。ルイ=ドルレアンには焦りの色が濃かった。亡命のランカスター家のヘンリーを厚く遇したのも、ブルゴーニュ侯に対する敵意からという色合いが強い。ついには、一四〇一年、両者がパリにそれぞれ自派の軍勢を集結せしめるという仕儀にまで立ちいたった。フランスは、オルレアン派対ブルゴーニュ派の内紛の季節にはいってゆくのである。

党派の争い

❖ルイ＝ドルレアン謀殺

一四〇七年一一月二五日、オルレアン侯ルイは、パリのヴィエイユ＝デュ＝タンプル街の暗闇で謀殺された。バルベット館に王妃を訪ねての帰途のことである。パリ代官は、知らせを受けるや直ちに市門を閉鎖し、探索を開始した。その結果、殺し屋どもがブルコーニュ侯の館、アルトワ館にひそんでいるとにらんだ代官は、その翌々日、国王顧問会議に出頭し、諸侯の館への立ち入り調査の許可を求めるという形で、暗々裡にブルゴーニュ侯を弾劾した。顧問会議は窮地に立った。ブルゴーニュ侯をとがめだてすることは内乱を誘発することにつながる。イニシアティヴはブルゴーニュ侯ジャン＝サン＝プールににぎられていた。

話は数年前にさかのぼる。一四〇四年、ブルゴーニュ侯フィリップが死んだ。これはパリにおけるブルゴーニュ侯のヘゲモニーの一時的後退をもたらした。その長男ジャン、一三九六年

ルイ=ドルレアンの暗殺

の対トルコ十字軍の折、武勇のほまれをあげてサン=プール（おそれ知らず）のあだなを得たジャン=ド=ブルゴーニュは、父侯存命時、ブルゴーニュ侯領のディジョンや自領ヌヴェール伯領のヌヴェールに居住することが多く、パリの政界にはなじみが薄かったし、また、北方のフランドル伯領やアルトワ伯領を管理する母マルグリット=ド=フランドルや弟たちとのあいだに父の遺領相続のことを協議しなければならず、さらにはまた、南北の家領のあいだに介在するブラバント侯領、リュクサンブール侯領あるいはリエージュ司教領などをめぐる面倒な折衝もあって、心ならずもパリに背を向けたまま一年ほどをすごすことになったのである。一四〇五年の春、母マルグリットは世を去り、弟たちとの協定も成って、ようやくジャンは、名実ともにブルゴーニュ侯国の主権者として、パリに視線をやる余裕を得た。

　この一年のあいだに、パリではルイ=ドルレアンが思う存分やりたいことをやってのけていた。叔父フィリップのヘゲモニーからようやく解放されて、のびのびと羽をのばしたという恰好である。王妃イザボー＝ド＝バヴィエールと組んで、王家の家政を預る大番頭ジャン＝ド＝モンタギュを抱き込み、王家財政の要職をひとりじめにした。イギリスから送りかえされたリチャード二世妃、フランス王女イザベルを息子のシャルルにめあわせ、王家の子女との婚姻関係を独占していたブルゴーニュ侯家に対し、一矢をむくいた。自分の推す対立法王ベネディクトゥス一三世をシャルル六世に認めさせた。とりわけ、対英戦争の再開に意欲をもやすかれは、ノルマンディー、ピカルディー方面の王軍総指揮官の役を買って出た。すると、どういうわけでか、カレーのイギリス駐屯軍とのあいだに小競り合いが頻発するようになった。そうこうするうちに一四〇五年にはいり、三月、かれは兄王を強いて、「イギリス王を称するランカスター家のヘンリーの企図に対抗すべく」特別タイユ課税の方針を公布せしめた。

❖「節くれだった杖」と「かんな」

ジャン＝サン＝プールがパリの政局に登場したのはこの時点である。亡命の「ランカスター家のヘンリー」と交情を結んだ記憶はどこへやら、いまやルイは対英強硬路線にのって王政を左右しようとしている。当時アルトワ伯領の首府アラスにあったジャン＝サン＝プールは、国王顧問会議あてに書簡を送り、荘重な調子でタイユ課税に反対の意を表したのである。年代記家アンゲラン＝ド＝モンストルレはこの間の事情を簡潔にまとめている。

「また、この頃、フランス王国の全民衆に対する巨額のタイユ賦課のことが、国王とその大顧問会議の名においてパリで布告された。この課税にブルゴーニュ侯は賛同しようとはしなかった。そのことのゆえに、侯は全民衆からこよなく愛され、称揚されたのであった。」

みごとな役者ぶりであった。ルイ＝ドルレアンはこの一枚上手の役者に登場のきっかけを渡してやったようなものであった。ジャンは機会を逃さなかった。八月、かれは五〇〇〇の槍兵を率いてパリにはいった。ルイと王妃は狂気の王を残してパリを逃げ出した。国王顧問会議はジャンの統制下にはいった。パリの国王裁判所（パルルマン）、ノートルダム聖堂参事会、上層市民、そして民衆はこぞって新ブルゴーニュ侯に好意を示し、ジャンはそれに応えて、一三八二年以来剝奪《はくだつ》されていたパリ市の特権、路上に鎖を張る特権をパリ市に返したのである。これはパリの自治権の象徴であり、ジャンのこの処置はかれの非凡な政治的センスをあますところなく物語っている。

ジャンはパルルマン、会計院および王家財務部、パリ大学に対して王政改革案を提示した。オルレアン侯と王妃の私利私欲に走っての専横がいかに王政を歪めたか。ルイ＝ドルレアンは好戦主義者であり、王の財政を私するものである。ブルゴーニュ侯は平和主義者であり、王政の監視者である。このイメージはその後長く民衆のあいだに残った。実は、ブルゴーニュ侯こそ最大の王権横領者であり、その対英和親の政策は北方領国フランドルの利害にからむものであったという認識は民衆の関心の外にある。この民衆の素朴な信頼感情が、ブルゴーニュ侯とパリとの親密な関係を、その後四半世紀にわたって保証したのである。

ほどなくジャンとルイは和解したが、それはうわべだけのこと。パリはふたつの党派の紋章と標識に埋まった。傑作なのは、オルレアン派の標識と標語、節くれだった杖と「おれは賭金をせりあげる」、つまり「挑戦するぞ」と、これに対抗するブルゴーニュ党派のかんな紋様と「受けてたつぞ」の対照である。「かんな」とは愉快ではないか。節くれだった棍棒なんかけずってしまうぞというわけなのだ。

ジャン=サン=プール
「かんな紋様」のついた衣を着ている。

だがこの棍棒はなかなか頑丈で、叔父のベリー侯と王妃イザボー、そして王家大番頭ジャン=ド=モンタギュがしっかりと支えていた。事態はなかなかジャンの思うがままにはならなかった。ジャンはついに非常手段をとった。ルイを暗殺したのである。節くれだった杖についにかんながかけられた。

❖ブルゴーニュ侯、パリを制圧

謀殺のあと、一時パリを脱出しフランドルで情勢をうかがっていたジャンは、顧問会議の無能ぶりを見さだめて、翌年二月にはふたたびパリにあらわれている。三月、一大茶番狂言が王館のサン＝ポール館で催された。ジャンが腹心の神学者ジャン＝プチに命じて謀殺弁明の一大論陣を張らせたのである。王太子以下、諸侯、パリ大学の関係者、パルルマンの高官のいならぶ大広間に立ちあらわれたジャン侯は、ビロード地の朱色の上衣に金の葉模様を散らし、その衣の合わせめに鎖鎧の冷たい輝きが時折ちらつくという堂々たる役者ぶり。館の外には群衆がブルゴーニュ侯万歳と叫んでいたという。この弁論の詳細についてはヨーハン＝ホイジンガの『中世の秋』第一七章に詳しい。

ジャンは勝利をおさめた。かれは王の赦免状を手に入れた。パリ代官は更迭された。王妃は王太子とともにムランに逃げた。七月、ジャンはネーデルラントにおもむいた。リエージュの反乱に苦しむリエージュ司教を助けにでかけたのである。リエージュ司教領はブルゴーニュ侯のネーデルラントにおける勢力圏を東西に連結する重要な地域であり、ここに統制権を確保するかどうかは一大問題であったのだ。留守中のパリではオルレアン派の諸侯がジャンのまねをして二番狂言を演じたが、そんなお祭りさわぎを気にしてはいられなかった。

九月、トングル近郊オテーの合戦にリエージュ市民軍を破り、ジャンは反乱を鎮圧した。このオテーの合戦は、二五年前、父侯フィリップが、フランドルの統制権を確保するために、ガンの市民軍を相手に戦ったローゼベクの戦いに十分匹敵する意義を持ったのである。ネーデル

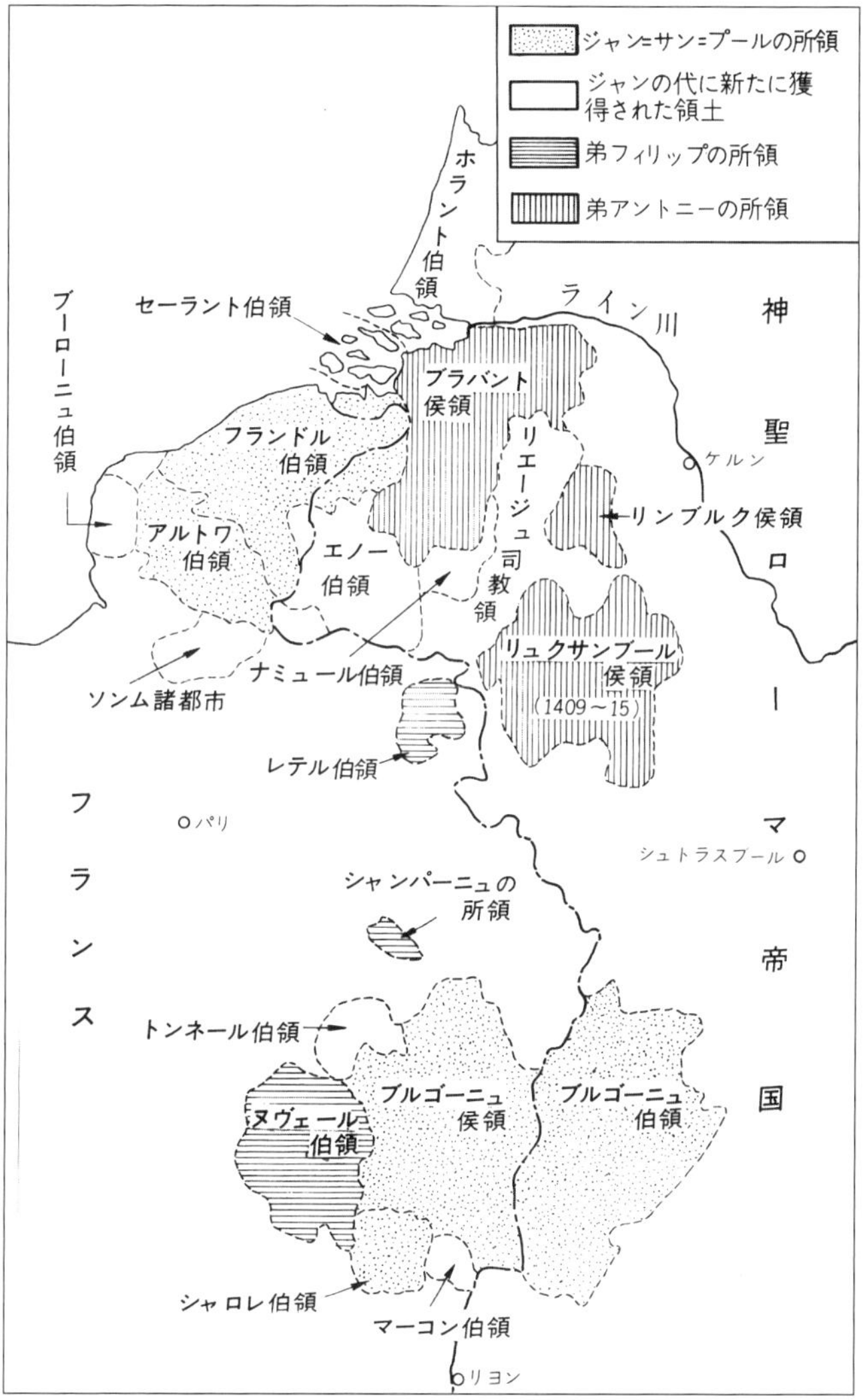

1410年頃のブルゴーニュ侯国

ラントの情勢は安定した。ブラバント、リンブルクの諸侯領は弟のアントワーヌが預る。リエージュ司教領、エノー、ホラントおよびナミュール各伯領は忠実なる同盟者である。

一〇月の末、ジャンはパリに向かった。その報に、パリのオルレアン派諸侯はパニックにおちいった。王家は狂気の王もろともパリを逃げ出し、ロワール中流のトゥールへ移った。パリはジャンの統制下におかれた。けっきょく、翌一四〇九年三月、王家とジャンとのあいだに協定が成立し（シャルトルの和）、王家はパリに帰還したが、ジャンの粛正の手は王家の中核にまで及んだのである。同年一〇月、王家大番頭ジャン＝ド＝モンタギュが斬首された。その首は槍の穂先にさしつらぬかれてパリの「市場（レアル）」にさらされ、「身体はパリの刑場に運ばれ、下着姿で、股引と黄金の拍車をつけたまま、高く吊された」と「パリの一市民」はその日記に記している。

❖王家大番頭

王家大番頭（グラン＝メートル＝ド＝ロテル）は王家の家政を預る実務官僚の最高ポストである。かれは王家役人全員の職務を監督し、出納をコントロールする。あえて象徴的にいえば、かれは王館の鍵を預る。ジャン＝ド＝モンタギュはマルムーゼの時代に王家財務書記の地位からその経歴をふみ出し財務関係の諸部局に喰い込んだが、とりわけ注目されるのは、「王の金庫」

の実質的な管理者としての活動である。「王の金庫」は王の私的な会計のひとつである。王の支配のシステムが整備されるにつれて王家財政が公的な性格の度合を強める。そのプロセスに応じて、王の私的な支出、あるいは不時の支出に備えるために工夫された特別会計のひとつである。もともとは戦争経費の補いという性格が強かったが、シャルル六世の代にはこれが年金の支払い、とくに王家高級官僚への年金支払いの財源と化していたのである。ジャン＝ド＝モンタギュ自身、この財源からの年金給与を受けている。ジャンは王家財政に寄生するばあいのもっとも一般的なケースである年金給与の仕組みに精通していたのである。はなしをそこまで限定しなくても、要するに王家財政の要の地位にあったジャンには、諸侯、とりわけ親族諸侯とはどのような存在であるかがよくわかっていたのである。

先代フィリップ侯晩年のブルゴーニュ侯家の会計は総額五四万リーヴル＝トゥールノワにのぼり、そのうち二四万がフランドルからの収入、一七万五〇〇〇が王の会計からの移行分であったという数字がある。王家会計からの移行分の内訳は、これはその他の諸侯のばあいもほとんど同様だが、侯領に対するエード課税の取り分（ふつう三〇％から五〇％。ときには一〇〇％、つまりエードの独占、王家の側から見れば課税免除ということになる）、役職に伴う給料、年金（フィリップ晩年にはかれ自身の年金として三万六〇〇〇、侯家全体としては、一四〇二年の数字で六万六〇〇〇）、贈与（フィリップ晩年には年平均七万から八万）などである。ところがフィリップ没後、一四〇六年の会計は総額三一万九五〇〇。この減少分のほとんどはフランドルからの収益と王の会計からの移行分にかかわるものである。これに較べて、一四〇九年から一〇年にかけての会計は四五万、一〇年から一一年にかけてのそれは、実に六一万五〇〇〇の数字を示した。一四〇八年から翌年にかけてのジャン＝サン＝プールのパリ制圧の意味はここに明らかである。

ジャン＝ド＝モンタギュは知りすぎていた。おまけにかれは王妃とルイ＝ドルレアン、そしてベリー侯に信任厚く、事実上オルレアン侯家の家政を見ていたも同然だったのである。ルイの死後、幼少のシャルルの事実上の後見人であった。シャルトルの和解を王家の側から準備したのもかれであった。モンタギュのばあい、これは党派的な立場の選択とばかりはいいきれないものがあった。かれは王家役人の中核であり、マルムーゼの理念、王の支配の原則を保守するものである。党派対立のこの時局にあって、一種の勢力均衡の画策が王家大番頭を中心とする官僚グループに見られたのではなかったか。その意味で、諸侯中最強のブルゴーニュ侯がかれらの敵にまわる。当然、ジャン＝サン＝プールの粛正はかれらを狙う。かくてジャン＝ド＝モンタギュは倒れ、王家高級官僚の「年金」の財源と化していた「王の金庫」は廃絶されたのである。

❖反ブルゴーニュのアルマニャック派

ジャン＝ド＝モンタギュを倒して王家家政をコントロールしたジャン＝サン＝プールは、王妃と王太子を監督下におき、王太子、当時一二歳のギュイエンヌ侯ルイに「王不在時の代理人」の権限を持たせた。事実上これはジャン自身が王政執行にあたることを意味する。このジャンとナヴァール王シャルル三世との同盟（一四〇九年一一月）を半世紀前の悪夢の再現とおそれた人もいたことであろう。なにしろシャルル三世の父こそは、ポワチエの敗戦前後の混乱期にヴァロワ王権を脅かしたかのナヴァール王シャルル「悪人」その人であったのだから。このナヴァール王をはじめ、王妃の兄にあたるバイエルン侯ルートウィヒ、あるいはエノーおよびホラントの伯であるバイエルン家のウィルヘルム、ジャンの弟のブラバント侯アントニー等々との同盟体制は、ブルゴーニュ侯のつねに追求する外交戦略のこの段階におけるひとつの成果であった。

フランスの諸侯はジャンの権勢に反発する。一四一〇年四月、かれらはジアンに会同して連盟（リーグ）を結成した。ベリー侯、ブルターニュ侯、オルレアン侯、アルマニャック伯、アランソン伯、クレルモン伯などの連盟である。王国の防衛が目的と当初は美名の陰にかくれていたが、同年夏、ピレネー北麓に強大な所領を有する野心家のアルマニャック伯ベルナールがその娘ボンヌをオルレアン侯シャルルにめあわせ、オルレアン家の名分を自家のものとし、連盟の指導権をにぎるにおよんで、連盟の対ブルゴーニュ党派としての性格がはっきりしたのである。

同年秋、パリは両派の軍勢に囲まれた。年代記家ピエール゠ド゠フェナンにいわせれば、シャルトル近辺からパリの城壁近くにまでオルレアン侯に与《くみ》する軍勢が布陣し、とくに、アルマニャック伯の軍勢の軍衣の飾り、白地の飾り幕が人目をひき、「これよりのち、ブルゴーニュ侯ジャンに敵対して徒党を組むものたちは、すべてアルマニャック派と呼ばれた」。かたやパリの北を見れば、これは『サン゠ドニの修道士の年代記』の記録するところだが、ブラバント侯が六〇〇〇の軍勢をサン゠ドニ市内に宿営せしめたといったぐあいであって、一見にぎやかなことであった。だが内実はなにほどのこともなく、ベリー侯を先頭とする和戦派の動きがあって、けっきょくその年のうちに和解が成立し、内乱はひとまず避けられたのである。

❖罪状歴然たるアルマニャック

もとより緊張が解けたわけではなかった。アルマニャック派はますます党派的色彩を強め、翌一一年七月、シャルル゠ドルレアンがしゅうとのベルナール゠ダルマニャックにあとおしされ、ふたりの弟との連名をもってジャン゠ド゠ブルゴーニュ告発の文書を公表するにおよんで、冷戦は熱い戦争へと一気にエスカレートしたのである。内乱は翌年八月オーセールの和の成立するまで一年間たっぷり続いた。ジャン＝サン＝プールはパリを押さえ、アルマニャック派諸侯はロワール河南のベリー侯領の首府ブールジュに拠《よ》った。初期の戦闘はピカルディー方面で推移し、アルマニャック派諸侯が攻勢に出たが、一〇月、ジャンはアルマニャック派諸侯を謀《む》叛《ほん》人と宣言する王命をシャルル六世からひき出し、いってみればイデオロギーの戦いという局面において相手方を圧倒することに成功したのである。かくて、冬があけてのち、五月、シャルル六世自身、王旗を掲げて謀叛人どもの拠るブールジュ攻撃に出陣するという光景が見られた。七月、ブールジュは王軍に攻囲され、八月、オーセールの和が結ばれて、諸侯はここにふたたびみたび偽りの和親の誓いを固めたのであった。

オーセールの和は以前のシャルトルの和の再確認であるにすぎない。和議の内容それ自体よりも興味ぶかいのは、この和議の締結にあたって、イギリスとの同盟関係を清算することが双方に対して要請されたという点である。ブルゴーニュ侯にとってはこれはなんでもないことであった。イギリス王家との同盟など結んでいなかったからである。ジャン＝サン＝プールは単純率直にそう声明を発したのみであった。戦局がピカルディーで推移していたころ、ジャンはヘンリー四世と攻守同盟を結んだのではなかったか。そうアルマニャック派諸侯は疑っていた。そう疑う歴史家が現在もなお発言権を確保しているのは事実である。スロイス、ダンケルクほかフランドルの四港湾都市の割譲を条件にヘンリー四世から兵力の提供を受けたというのである。だが、その事実を示す史料は存在しない。ブルゴーニュ侯はフランドルの利害を代表して、通商条約の締結をめぐって数年前から断続的にロンドン政府と交渉を続けていたし、またこの時期には、ヘンリー四世の息ヘンリーとジャンの娘のひとりとの結婚話も持ちあがっていた。ブルゴーニュ侯家は親英政策を追求しつづけていたのである。この協調ムードを背景に、ヘンリー四世が二〇〇〇ほどの軍勢を提供したのは事実である。ジャンの同盟者ナヴァール王シャルル三世の娘でありヘンリー四世の妃であったジャンヌ＝ド＝ナヴァールの差金《さしがね》があってのことと考えられる。ジャン＝サン＝プールはこの軍勢を使って、一〇月の末、当時アルマニャック諸侯の軍勢に包囲されていたパリにはいり、前述の王命をひき出すことに成功したのであった。確かにこのイギリス勢二〇〇〇は、ひさかたぶりにフランスの土地をふんだ新手のイギリス勢ではあった。だがこれは明らかに傭兵的性格のものであって、これをもってブルゴーニュ－イギリスの軍事同盟成立の証左とするのはいささか苦しいのではあるまいか。

それにひきかえ、アルマニャック派諸侯のばあいは、いわば罪状歴然たるものがあった。かれらは「ベリー、オルレアン、ブルボン諸侯、およびアランソン伯はイギリス王を助けることを約し」に始まり、ギュイエンヌおよびガスコーニュの領土割譲の約束を含む相互援助協定を、一二一二年五月にブールジュで結んでいたのである。この協定に基づき、ヘンリー四世がその第二子クラレンス侯トーマスに与えた軍勢四〇〇〇は、オーセールの和議の直前、八月一二日、ノルマンディーのコタンタン半島に上陸していた！　いまやアルマニャック派諸侯は、このブールジュ協定を改める必要にせまられた。九月、クラレンス侯は、クラウン金貨一五万枚の賠償を条件に、ボルドーに転進することを承知した。なんのことはない、一五年以前、すでにイギリス王家は大陸進攻を再開していたのであった！

❖三部会の召集

ボルドーのクラレンス侯のイギリス勢はギュイエンヌ（アキテーヌ）一帯に攻勢をかける。内乱はイギリスの軍事的脅威を現実の形で副産物に残したのである。ギュイエンヌ防衛は金がかかる。ましてや近々に予想されるイギリス王の大規模な大陸進攻再開に有効に対処するべく態勢を整えようにも王の財政は底をつき、領主たちももはや領民に援助金を期待することはできない。残された手はただひとつ、ここ三〇年あまり開かれたことのなかった北フランス三部会を開き、都市の利害と王国の利害との一致点を見出すことだ。一四一三年一月に三部会を召集することを決定した国王顧問会議のメンバーの思考のプロセスを想像すれば、おそらくこんなぐあいであったと思われる。ジャン＝サン＝プールは積極的にこの計画を推進した。かれのばあいには、もうひとつ重要な動機が考えられる。三部会を利用して、王政の「改革」をいっそう押しすすめようという魂胆《こんたん》である。一四〇九年以来の粛正の仕上げというわけである。アルマニャック派みなごろしの計画があるという噂が流れていた。アルマニャック派諸侯は最初から逃げ腰であった。かれらはパリを遠まきにして形勢をうかがっていた。

一一三年一月三〇日、サン＝ポール館の大広間に北フランス三部会が召集された。大方の予想どおりブルゴーニュ侯の与党が会議の主導権をにぎり、オーセールの和親の誓いなどあたまから無視された。リヨンを代表するシモン＝ド＝ソー、あるいはカルメル会修道士ユスタシュ＝ド＝パヴィイの演説は、アルマニャック党派の恣意私欲をとがめだてる強い調子のものであった。だが、そういった党派的色わけはむしろ事態の真相をかくすものというべきであろう。会議の空気は、まず王政の改革を、であって、援助金の問題は二の次とされた。そして、ド＝ソーやド＝パヴィイの改革要求は、必ずしもブルゴーニュ侯の思惑にかなうものではなかったのである。まず特徴的なのは、王政機構の改変を要求してはいないという点である。この点が、エチエンヌ＝マルセルの指導した半世紀以前の改革三部会と基本的に異なるところである。かれらは既存の王政機構の浄化を求めた。いいかえれば王権横領の慣行の根絶を要求したのである。かれらがブルゴーニュ侯の与党であったとすれば、それはかれらがブルゴーニュ侯をもってこの理想の実現者と信じたからにほかならない。フィリップ＝ル＝アルディ以来つちかわれてきた「王政の擁護者ブルゴーニュ侯」というイメージがかれらのものであった。パリ大学、パリ上層市民がこのイメージをあおりたてた。パリはブルゴーニュ侯に賭けたのである。これは実はブルゴーニュ侯にとってありがた迷惑なことであったといえないだろうか。ブルゴーニュ侯自身、王政横領者中の筆頭であったという事実にこのイメージはどうかかわるのか。ここにブルゴーニュ侯の追い込まれたジレンマがあった。ジャン＝サン＝プールは自分自身を追いつめてしまった！

ブルゴーニュ侯が敵対する党派を粛正し、王政を自己流に整備しようとしたとき、そこにいわば「第三の党派」が姿を現したという景色である。この第三の党派が、かつてのマルムーゼの理念の継承者であり、ジャン＝ド＝モンタギュを殉教者と仰ぐものたちであったことは明らかである。オーセールの和ののち、王太子ルイは、パリの市場に三年間さらされっぱなしになっていたジャン＝ド＝モンタギュの首を、みずから指揮してとりはずさせたという。年代記家モンストルレの伝えるこのエピソードは興味ぶかい。モンタギュの首は、パリ郊外の刑場に吊されていた胴体とともに、モンタギュ自身の寄進したある教会の墓地に埋葬された。三部会の始まる直前に一六歳の誕生日を迎えた王太子ルイは、オーセールの和議の段階ですでにブルゴーニュ侯の動きをチェックする側にまわっていたのではなかったか。そう考えられる節々がある。

❖カボシュ党の暴動

もうひとつ、ジャン＝サン＝プールには誤算があった。パリの民衆という係数の算定を誤ったのである。多くの史家が強調するように、ブルゴーニュ侯自身がけしかけたのかどうか、その点ははっきりしないのだが、ともかく、四月二七日、パリの民衆は暴動を起こしたのである。三部会での改革議論が続くあいだに、アルマニャック分子のパリ市内での策動がしだいに具体的なプログラムを形作りはじめたと見てよいであろう。四月にはいると、パリ民衆のあいだに、それを示す虚実とりまぜての多様な情報が走り流れ、執拗にくりかえされるようになった。王太子ルイの配下のものたちが王と王太子の奪取をはかっている、とか、トンネール伯がジャン＝サン＝プールの暗殺を計画しているとかのたぐいである。民心はしだいに苛立った。辻々の人だかりに噂が渦巻き、パリ市内一〇〇〇人といわれた食肉業者の会合に議論の材料を提供する。内乱の一年は政治に対する民衆の不信を確かにひき出した。党派の争いは民衆のコミューン的志向を刺戟する。つい先月、ブルゴーニュ侯に対する陰謀が発覚してパリを逐電し、ノルマンディーにいたパリ代官ピエール＝デ＝ゼサールが手勢を率いて帰ってきた。ジャン＝サン＝プールの「貪欲」について申し立ての事実をにぎっているらしい。なんでも二〇〇万フランの贈与を王に約束させたということだ。パリ代官を呼び返したのは王太子だ。パリ代官がサン＝

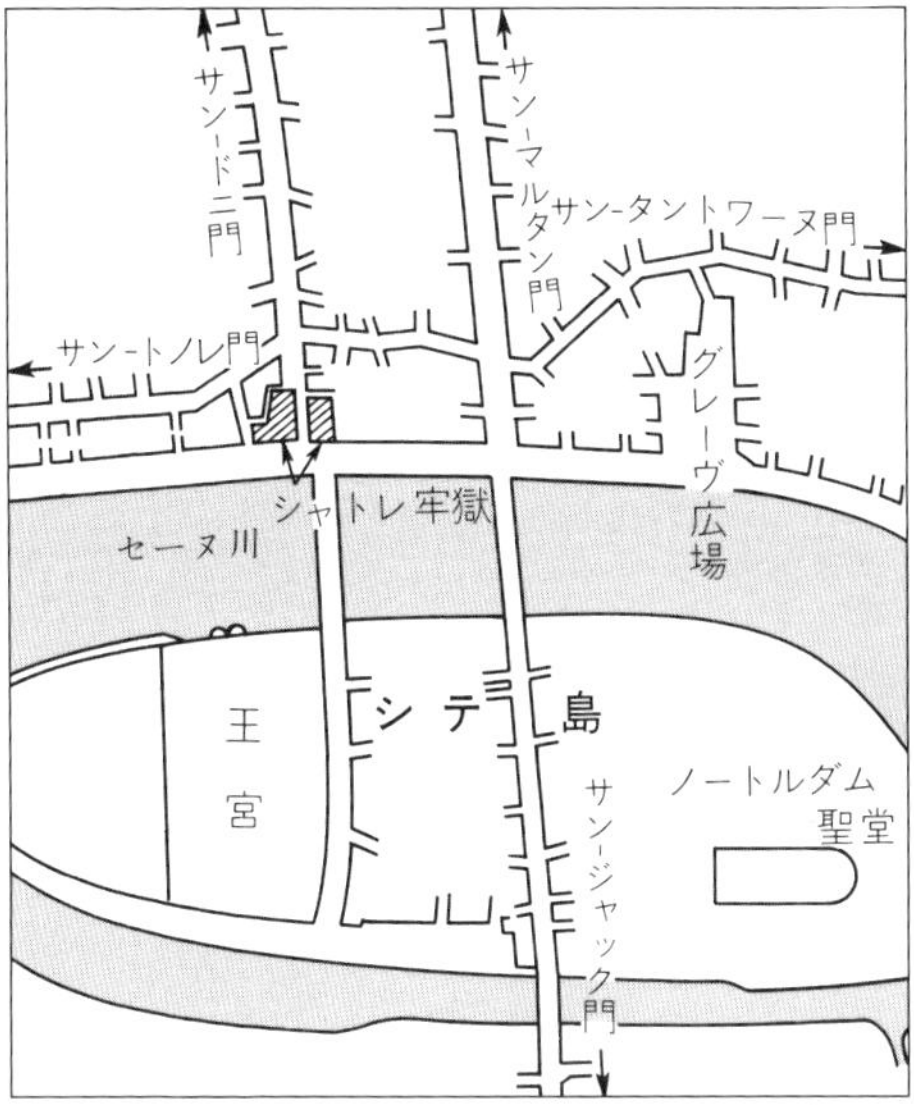

パリ市街中心部（14世紀を想定した作図）

タントワーヌ塔門を占拠した……ざっとこんなぐあいの情報が四月二七日の午後に流れて、ブルゴーニュ与党のパリ民衆はいっせいに武装したのである。

翌二八日、グレーヴ広場に集まった民衆の指導者として記録が伝えるのは、屠殺業者ルゴワ、「サン-ジャック屠殺場の牛の皮剥《は》ぎ職」カボシュ、ピカルディーの騎士でブルゴーニュ侯の侍従の肩書きを持つエリオン=ド=ジャックヴィルといった面々。なんのことはない、ブルゴーニュ侯の内命を受けて食肉関係の同職団体が動いたということではないかと考えたくなる。しかし、ジャン=サン=プール自身が首謀者であったとしたら、なんと見通しの悪いことだとジャンの政治家としてのセンスに疑いの目を向けなければならないことになる。

五月にも民衆は動いたが、けっきょくこの二度の蜂起で得た成果はといえば、アルマニャック与党の幹部数名の逮捕投獄とピエール=デ=ゼサールの処刑、それに五月二六、二七両日にわたってパルルマンの大広間で読みあげられた、二五八項にわたる長大な勅令、いわゆる「カボシュ党の勅令」だけであった。この勅令は、けっきょく三部会での議論の線から一歩も出ることなく、王政機構の能率化と王政横領の慣行の廃絶の要求に形式的にこたえるものでしかなかった。たとえば援助金（エード）の徴収と管理の一元化、エード特免の廃止、エードの半額のパリにおける保管（つまり財政の中央集権ということである。従来エードをめぐる最大の問題点は、その徴収および管理が地方単位で行われていたところにあった）、こういった要求は、むしろ王権の望むところであったのだ。

❖ブルゴーニュ侯、パリを撤退

わたしたちは、ここにもまた「第三の党派」の見えざる手が働いているのを認めざるを得ない。ブルゴーニュ侯の王政改革者としてのポーズが民衆のコミューン的志向をひき出し、いってみれば「超ブルゴーニュ」的な動きへとジャン＝サン＝プール自身がひきずられてゆく。そこに「第三の党派」の手が働いて、あるひとつの方向づけがなされる。最近のブルゴーニュ史研究家であるイギリスのハル大学のリチャード＝ヴォーン教授は、王太子ルイの存在を重く見、さらに五月以降正気に立ちかえり、夏一杯正気を保ったシャルル六世が王太子を支えたと見ている。また、民衆のコミューン化をおそれる上層市民の動向が、前「パリ商人頭職預り」（これはエチエンヌ＝マルセルの時代の「商人頭」に相当する）であり、王家御用法曹であったジャン

=ジュヴェナル=デ=ジュルサンにはっきりあらわれていたと考えている。なお、このジャン=ジュヴェナルの同名の息子、ジャン=ジュヴェナル=デ=ジュルサンは年代記を書き遺したことで知られている。この本でも、数か所にその年代記からの証言を取り上げている。

「カボシュ党の勅令」は民衆の熱気を冷やした。祭りは終わった、さあ働こう、といったムードである。パリの動静をうかがっていたアルマニャック派諸侯が軍勢をパリ周辺に集めはじめた。イギリスでは三月にヘンリー四世が死に、大陸進攻に意欲をもやすヘンリー五世が王位についていた。この状況下に人々が耳をかたむけるのは対立の中和をすすめる声であり、外敵に対する備えの強調である。かくて、七月、ジャン=サン=プールはアルマニャック派諸侯と和解協定を結ばざるをえない破目に追い込まれた。当時ディジョンにいたブルゴーニュ侯妃は、夫がパリに孤立する事態をおそれて、ブラバント侯に救援の依頼を発している。パリにおけるジャン=サン=プールの立場はまったく失われた。八月二三日、かれはパリを撤退した。九月一日、「正道」という標語のぬいとりのあるアルマニャック党派の白旗をかかげて、アルマニャック派諸侯がサンージャック門からパリに入城した。カボシュほかブルゴーニュ侯の与党は、その年のうちに続々とパリを脱出し、フランドルに向かう。カボシュ、これはあだなで、本名シモネ=ル=クートリエは、のち、一四一八年、ブルゴーニュ侯がパリを奪回するや、ふたたびパリに姿を現したと、ある記録は伝えている。パリ奪回後、カボシュらの所属する「大屠殺業者組合」に対しブルゴーニュ侯がひじょうな保護を与えた事実は、『パリ一市民の日記』が各所にたんねんに記録しているところである。

分裂するフランス王国

❖戦争再開

一四一三年八月から一五年一〇月アザンクールの戦いにいたるまでの期間は、パリを押さえたアルマニャック派諸侯とアラスを拠点とするブルゴーニュ侯とのあいだにイデオロギーの戦いが戦われ、軍事的デモンストレーションが交換された時期である。いや、その意味ではアザンクールの戦いはフランスの政情になんら画期をもたらすものではなかった。アザンクールの敗戦は、一七年から一九年にかけてイギリス王ヘンリー五世がノルマンディーを占領することを許した。しかし、パリとアラスの対立はいぜんその様相を変えなかった。けっきょく、一八年五月、ブルゴーニュ軍がパリを奪取し、アルマニャック派諸侯が南のロワール河畔に下るまで、党派対立は不変の構図を示したのである。この対立の中和をはかる努力もまた一貫して持続された。「第三の党派」の中枢に王太子が位置していたことはほとんど疑いをいれない。そう見るとき、アザンクールの敗戦という事件よりは、むしろその直後、一二月、王太子の急死という出来事のほうが、わずかではあったが情勢に変化を与えた要因というにふさわしい。王太子の死後、アルマニャック伯ベルナールが王軍総司令官に就任し、事実上パリ政府の主人となる。アルマニャック派諸侯はその党派色を一段と強めるのである。

「カボシュ党の勅令」を正式に否認した上で、パリの王政府と市政府をアルマニャック流に「改革」した諸侯は、一四年の夏、シャルル六世を陣頭に立ててアラスを攻囲した。かつてのブールジュ包囲のしかえしといった恰好である。戦闘らしい戦闘も行われず、けっきょく九月に和議が結ばれたのだが、注目すべきは王軍の攻撃を受けるという難局をきりぬけたジャン＝サン＝プールのかけひきのうまさであろう。かれはブラバント侯はじめ同盟勢力を背景に、アラス守備にブルゴーニュ伯領の軍勢を使ったのである。ブルゴーニュ伯としてのジャンはフランス王ではなく神聖ローマ皇帝に臣従する。だから封建法によれば、ブルゴーニュ伯の臣下がフランス王を攻撃しても、かれらは陪臣としての背反の罪に問われることはないのである！フランス王軍は本気でやる気の軍勢を相手にしたのであった！

一四年九月以降、両派はこのアラス協定の批准をめぐっていがみ合うことになるのだが、すでにこの時期、イギリス王ヘンリー五世は大陸進攻の決意を固め、その下工作を開始していた。フランス王軍のアラス攻囲はブルゴーニュ侯を決定的に味方に抱き込むまたとない機会と見たヘンリー五世は、これまで断続的に維持されてきたフランドルとイギリスとの通商協定交渉にからめて、イギリス王とブルゴーニュ侯との軍事同盟を提起したのである。同時にパリとのあいだに交渉を進め、イギリス-ブルゴーニュ同盟を脅しに使って、より高い代償を支払わせようというのがヘンリーの全体戦略であったと思われる。フランス王位継承問題に関する発言権とブレチニーの和解で約束された領土の割譲がこの時点でのヘンリーの要求であり、ブルゴーニュ侯はフランス王位を狙うものではなく、王政における第一席の発言権と自領の保全とを要求しているにすぎないのだから、両者の希求は互いに矛盾するものではないというのがヘンリーのいい分であった。

協定は成立したとアルマニャック与党はキャンペーンを展開した。後世、ヴァロワ王権のイデオロギーに忠実な文筆家たちは（歴史家までも含めて！）、ブルゴーニュ侯の裏切りの第一歩をここに見た。だが、事実は、ジャン＝サン＝プールは九月まではにえきらない態度でぬらりくらりと逃げまわり、アラス協定が結ばれるや、ただちにイギリス王とのこの件に関する交渉を打ちきったのである。ジャン＝サン＝プールにかけた期待を裏切られたヘンリー五世は、翌一一五年二月、パリに最後通牒をつきつけた。ジャン二世の身代金未払分一六〇万フランの支払い、ヘンリー五世とフランス王女カトリーヌとの結婚、カトリーヌの婚資として金二〇〇万フラン、ブレチニー条約による割譲領土に加えてプロヴァンス伯領の半分その他の領土の割譲、これがヘンリーの要求であった。ともかくもこれはとうてい受けいれることのできない要求である。シャルル六世の名代ベリー侯は、イギリス王の使者にひたすらお引き取りをねがった。百年戦争後半の幕がここにあいたのである。

❖アザンクールの悲喜劇

ランカスター朝第二代ヘンリーの即位は、ランカスター王権に反感を持つ故リチャード二世の与党の蜂起に飾られた。これを鎮圧した新王ヘンリーにとって、もはやイングランドに敵はいなかった。父王ヘンリーはボルドー維持のための財政支出にさえも苦労したが、ヘンリー五世がノルマンディー進攻の計画を打ち出すや、ロンドンの議会は、一四年一一月、巨額な援助金の負担を即座に引き受けた。ここに総計一万二〇〇〇の軍勢の手配が可能となった。用意は成った。パリはどう出るか。ヘンリーの要求は単なるかけひきではないと観念したアルマニャック派諸侯は、旧アキテーヌ侯領を独立諸侯領として復活せしめるという案を出してヘンリーの気を引こうと試みた。ヘンリーはにべもなくこれを拒否した。ヘンリーの関心の焦点はノルマンディーの領有にあったのである。

翌年二月、交渉が決裂したのちも、なお未練たらしくパリの顧問会議はロンドンに使節を送り、古い提案をむしかえしたが、ヘンリーはただノルマンディー領有の保証を要求するのみであった。けっきょく、八月、ヘンリーは海峡を渡り、一三日の夜半、セーヌ河口の岬の突端、シェフ-ド-コー（現在のサント-アドレス）に上陸したのである。率いる軍勢は騎士二〇〇〇、弓兵六〇〇〇であったという。続いてアルフルール攻略を開始し、九月なかばにこれを落とし、住民を追い出し、イギリス人の町とした。第二のカレーにしようという肚があったらしい。アルフルール攻略に手間どって季節はすでに冬に向かいかけていた。軍勢に疫病が流行し、犠牲者が多数出たこともあった。ヘンリーは、エドワード三世の故智にならい、北上してカレーに向かった。

先祖の故智にならったのはイギリス王だけではなかった。いやこのばあいは二のわだちをふんだというべきか、フランス王軍もまた、フィリップ六世のやったとおりに、これを追尾して会戦をいどみ、敗北したのである。一〇月二五日、アルトワ伯領、ブルゴーニュ侯の居城のひとつのあるエダンに近い丘陵でのことであった。勝利王ヘンリーはこの会戦をおごそかに「アザンクールの戦い」と命名した。「すべて会戦は、その戦われた場所に近い城砦の名をとって名づけられなければならないからである」と、年代記家モンストルレはごていねいにもコメントを付している。

❖ブルゴーニュ侯の立場

イギリス軍のアルフルール攻囲のあいだ、シャルル六世はマントに、王太子ルイはヴェルノンにあって形勢を展望していた。ブシコー司令官の率いる王軍の一部がルーアンにあったが、アルフルール救援には二の足をふんだ。この間、舞台裏では実に露骨なかけひきが展開されていた。顧問会議はブルゴーニュ侯、オルレアン侯双方に対し王軍への軍勢提供を請求した、五〇〇の騎士と三〇〇の弓兵という枠内で。ジャン゠サン゠プールは、九月二四日付の早馬に託した顧問会議あての書簡で、「必要とあらば、より多数の軍兵を、即座に」、また息子のシャロレー伯（のちのフィリップ゠ル゠ボン）の身柄さえも提供すると申し出ている。アラスの協定を批准した（イギリス軍のノルマンディー侵冠二週間前）ジャン゠サン゠プールとしては、これは当然の申し出であった。これを顧問会議はけった。ジャンは、この党派意識むき出しのパリ政府の態度にあきれはてて、ブルゴーニュ、アルトワ、ピカルディー、フランドルの領主たちに対し、王軍への参加を禁ずるにいたったのである。パリ政府がブルゴーニュ侯を拒否したのであって、ブルゴーニュ侯がフランスを裏切ったのではない。もはや古典的著作とさえもいえるエドワール゠ペロワの『百年戦争』（一九四五）は、概して中正な判断に貫かれているが、そのペロワさえも、この時点でのブルゴーニュ侯の動向を説明するにさいして、古来使いふるされ手垢《てあか》にまみれた決まり文句、「敵意ある中立」といういいまわしに逃げている。むしろ「敵意にみちた拒否」にはばまれて立往生したというのがジャン＝サン＝プールのおかれた状況の真相だったのではあるまいか。ちなみに、ジャンのふたりの弟、ブラバント侯アントワーヌとヌヴェール伯フィリップとは、王軍に参加して、アザンクールの野にその生命を落としたのである。

ピカルディーとノルマンディー

　ブルターニュ侯もまた、顧問会議のかたくなな態度に腹を立てて、兵力提供を拒否した。ブルゴーニュおよびブルターニュ両軍団の不参加を知ってヘンリー王はほっと胸をなでおろしたというが、これがアザンクールの敗戦の唯一の原因であったとはいわない。最終的に王軍の総数は六万を数えたという。これに対しイギリス側は一万二〇〇〇。五対一である。この優勢なフランス王軍がなぜもろくも破れたか。軍事技術、戦術の優劣をいうまえに、ブルゴーニュ、ブルターニュ両侯を拒否したアルマニャック党派の狭量《きょうりょう》を笑うべきであろう。これではけっきょく、私党を組む諸侯連合にすぎず、戦争展開に不可欠な王軍としての一体性など望むべくもなかったのだ。

❖アルマニャック派の恐怖政治

ある数字によればフランス王軍の死者は五〇〇〇、負傷者は五〇〇〇という。アルマニャック党派の主だったリーダーのうち、アランソン侯、王軍総司令官であったドゥルー伯アルブレは戦死し、オルレアン侯、ブルボン侯は捕虜となった。にもかかわらずパリのアルマニャック政府は統制権を失わなかった。ひとつには王太子ルイの指導が維持されていたし、一二月、王太子の死去ののちは、王軍総司令官に就任したアルマニャック伯ベルナールと、パリ代官タヌギイ＝ド＝シャテルの「恐怖政治」が、ともかくも上流市民層や大学の親ブルゴーニュ的傾向を押さえることに成功したからである。故王太子の周辺に結集した穏健派上層市民は、さしあたり結集の核を失った恰好であった。アルマニャック伯は、ベリー侯を中心とする顧問会議の要請に応じて軍勢を率いてパリにはいったのだったが、『パリ一市民の日記』の筆調は、これを迎えたパリの住民の反応の標準値を示している。「そしてパリはよその土地の軍勢によって守られて（管理されて）いた、その隊長たちは、ルモネ＝ド＝ラ＝ゲールと名乗るもの、バルバザンその他であって、すべてこれ悪性の無慈悲な連中であった」。「よその土地の」と訳した原語はエトランジェであって、「異邦の」と訳したほうがこの言葉のイメージになじむかもしれない。北フランスの都市の住民にとってこのアルマニャック伯の率いるガスコーニュの軍勢は、ちょうどイギリス人を同じくエトランジェと形容するのと同じ感覚で受けとめられていたのである。パリを「恐怖政治」下においたこの「占領軍」は総数六〇〇〇を数えたという。

ジャン＝サン＝プールは機会の熟するのを待っていた。パリを包囲する輪をじわじわとしめつけながら、じっくり腰を落ち着けていた。パリ包囲の輪は外交、軍事、そしてイデオロギーの戦いと、多様な局面を示した。すでに一四一四年秋以降、コンスタンツの教会会議は、本来これは教会分裂の問題に最終的な決着をつけるためにヨーロッパ各地の司教たちが参集したという性格のものであったが、同時にまた、フランス王国を二分する党派の争いについてのイデオロギーの戦いの場ともなっていたのである。論争の焦点は、ブルゴーニュ侯のオルレアン侯殺害の弁論、「ジャン＝プチの弁論」の評価にあった。アルマニャック党派は神学者ジャン＝ジェルソンを立役者に擁し、ブルゴーニュ侯はアラス司教マルタン＝ポレを筆頭に、当時ランス聖堂の要職にあり、のちにジャンヌ＝ダルクの裁判にあたることになるピエール＝コーションを含む一大弁護団を派遣している。ちなみに、この会議にパリ大学を代表したジェルソンは、当初ブルゴーニュ侯の与党であったが、カボシュ暴動で個人的にも被害を受け、反ブルゴーニュ側にまわったのであった。けっきょくブルゴーニュ侯の策動が除々に功を奏し、一六年にはいるころには、「ジャン＝プチの弁論」に対する断罪は避けられる見通しがはっきりしたのであった。

❖カレー会談

次に外交面だが、この局面にはなにかあいまいさがただよっている。新王太子ジャンは、バイエルン侯でありホラント、エノーの伯を兼ねるウィルヘルムとジャン＝サン＝プールの妹とのあいだに生まれたジャクリーヌ＝ド＝バヴィエールを妻としていた。その関係からジャンは王太子に接近し、一六年の秋には、バイエルン侯も加えて三者の会談が持たれている。だが、翌一七年五月、王太子ジャンの急死によって、この連合が発展する可能性は絶たれた。より重要なのはこの時期におけるブルゴーニュ－イギリス関係である。一六年七月、ジャン＝サン＝プールは、フランドルおよびピカルディーにおける戦闘行為の停止協定をヘンリー五世とのあいだに結んだ。これは事実上フランドル－イギリス通商条約を補強する性格のものであったが、この協定に続いて、一〇月、ジャンはカレーにおもむいてヘンリー五世と会見しているのである。この会見にはドイツ国王ジギスムントも同席していた。このハンガリー王も兼ねるルクセンブルク家のジギスムントは、野心家でありながら器の小さい男と評価されていたが、それだけにこの時期の国際政局にちょこちょこ顔を出す人物であって、すでにロンドンとパリの仲介役を買って出て、あっさり双方に拒否されていたのだが、今度はイギリス-ブルゴーニュの談合に一役買おうというわけであった。ちなみにジギスムントは一一年に「ローマ人の王」の称号はとっていたが、神聖ローマ帝国皇帝の称号をとるのはようやく三三年になってからのことであって、だからこの時期にはドイツ国王、あるいはいわゆる「皇帝被選者」であるにすぎない。

さて、このカレーの会談からなにが出てきたか。大方の歴史家、とくにフランス人の歴史家は、ジャン゠サン゠プールがヘンリー五世をフランス王と認め、臣従を誓う文書を作製し、署名したのではないかと疑っている。断定はしないまでも、そうほのめかすような書き方をしている。しかし、その文書なるものは、ブルゴーニュ侯にこれを呑ませようとあらかじめロンドン政府が作製しておいた協定草案にすぎないのである。ブルゴーニュ侯は署名しなかった。けっきょくジャンはヘンリー五世に対してなにも約束しなかった。かといってヘンリーをあたまから拒否することもしなかったのである。たとえばフランドル問題ひとつをとってみても、ブルゴーニュ侯にはイギリスと完全に手を切ることのできない事情があった。しかも、いまイギリス軍はノルマンディーに展開している。ノルマンディーに境界を接する自領ピカルディーの防衛のためにも、ジャンはことさらにヘンリー五世とことを構えたくはなかった。ブルゴーニュ侯には、パリの思惑とはちがう別の思惑があった。それだけのはなしである。

ヘンリー五世の見ぬいたごとく、ブルゴーニュ侯は自領の保全とフランスの王政における第一席の発言権を要求する存在であった。ピカルディーとフランドルの保全はヘンリー五世との親密な交際で一応保障される。しかし、なにごとも約束はしない。その上でパリの奪回を狙う。これがこの時期のジャン＝サン＝プールの戦略の基本であった。これを後世の歴史家たちは、たとえばエドワール＝ペロワは、「いつもの二枚舌外交」と批評する。しかし、それならば、どうすればジャン＝サン＝プールはペロワ氏を満足させることができたであろうか。パリに全面的に協力すべきであったというのであろうか。しかし、その「パリ」とは、要するにアルマニャック党派の政府でしかなかったのではないか。もしかしたら、ペロワ氏ほどの上質の歴史家にしてなお、この時期のヨーロッパ史に「近代国家」というモデルを持ち込んでしまうというアナクロニズムから自由ではなかったということなのであろうか。あるいは、対独レジスタンスの生々しい記憶が、一九四五年に『百年戦争』を出版したこの歴史家の歴史意識をくもらせていたということなのであろうか。

❖ブルゴーニュ侯、パリを奪回

一四一七年四月、ジャン＝サン＝プールはマニフェストを発して、パリのアルマニャック政権攻撃を再開した。夏から秋にかけて、ジャンの努力は北フランス諸都市の説得に集中した。

パリ商店街風景（15世紀の写本から）

これに合わせるかのように、この年八月、ヘンリー五世はふたたびノルマンディーの地をふみ、ノルマンディー全土の占領政策を組織的に展開した。北フランス諸都市の内部では党派の抗争が誘発され、これを克服する形で、ブルゴーニュ侯の指導に服する都市がしだいにその数を増していった。一一月、ジャンは王妃イザボー＝ド＝バヴィエールをパリから誘い出し、トゥールに会同して新政府を立てることに成功した。ここに事態は新しい局面を迎えた。パリには新王太子シャルルを「王の代理」とする旧政権、トゥールに王妃‐ブルゴーニュ侯の新政権が併立し、北フランスの諸都市、領主たちの大半は後者にしたがうという図式がえがかれたのである。翌一八年の春には、南の王領ラングドックの大半も、トゥールからトロワに移っていた王妃‐ブルゴーニュ侯の政権にしたたがったのである。

パリでは、一七年一一月、すでに親ブルゴーニュ策動が見られたが、ことここにいたっては、孤立したパリのアルマニャック政権が翌一八年五月、ブルゴーニュ軍団のパリ進攻の前にもろくも瓦解《がかい》してしまったのも当然のなりゆきであった。五月二九日の真夜中、六、七〇〇騎のブルゴーニュ勢がサン=ジェルマン門を破ってパリ市内にはいった。年代記家ジャン=ジュヴェナル=デ=ジュルサンの報告によれば、「プチ=ポンに居住する裕福なる鉄商人ピエール=ル=クレルク兄の息子ペリネ=ル=クレルクなるもの」の手引きがあったという。パリの上層市民は、ようやくその本来の親ブルゴーニュ傾向をもえあがらせる機会をつかんだのであった。『パリ一市民の日記』の筆者にいわせれば、「パリの町をおおいに困らせていた」パリ代官タヌギイ=デュ=シャテル、「この世でもっとも悪質なキリスト教徒」クレルモン司教ら、アルマニャック与党の面々は、下着姿の王太子を連れて、サン=タントワーヌ塔門に逃げ込んだ。アルマニャック伯ベルナールは捕えられ、シャトレ牢獄につながれた。

ジャン=サン=プールが王妃を供奉《ぐぶ》してパリに入城したのは、七月もなかばにはいってからのことであった。

❖六月暴動

ジャン＝サン＝プールが入市する以前、すでにパリの民衆は貪欲な復讐心を十二分に満足させていた。アルマニャック政府の圧制下に孤立したパリは地方とのコミュニケーションを絶たれ、生活必需品は不足し、物の値段ははねあがる。「パリの一市民」は克明に記録している、「かくしてパリではものみなすべてがあがりはじめた、なにしろ卵ふたつが四ドゥニエ＝パリジス、白チーズの小片が七から八ブラン、バター一リーヴルが一一から一二ブラン、フランドル産の燻製《くんせい》にしんの小さいのが三ないし四ドゥニエ＝パリジス……」数字はなによりも雄弁だ。一市民はこれに続けてブルゴーニュ軍の来襲を記述するのだが、それをこう書き出している、「かくのごとくパリは悪政下にあった、政権をにぎる連中はかれらに与《くみ》さない人々をいたく憎み、街中いたるところで捕え、容赦なく殺してしまおう、女どもは溺れ死にさせてしまおうと目論んだ、そしてその手の者たちは商人たちやなにかからパリの布地を奪いとったが、かれらのいうところではそれは王の用に供する天幕や帳《とばり》を作るためとのことであったが、じつはそれはその女どもを溺れ死にさせるための袋を作るためであったのだ……」嘘実はさしあたり問うまい。一市民の日記はアルマニャック政権末期のパリの空気をよく映している。そこに「解放軍」の到来である。民衆のはねあがりは当然予想されたところであった。

六月一二日に発生した民衆暴動の犠牲者の総数は二〇〇〇を数えたという。一市民は、例によっての生まじめぶりを発揮して「一五一八人」と記録している。アルマニャック伯ベルナールの屍体は、切りきざまれたあげく、三日のあいだ街をひきずりまわされた。顧問会議のメンバー、パルルマンの高官、司教、あるいは学者文人。著名な人文主義者(ユマニスト)ジャン＝ド＝モントルイユ、ゴンチエ＝コルらもこのうちにはいっていた。ブルゴーニュ勢の総隊長リラダンの領主と新任のパリ代官の説得もむなしかった。一市民の表現を借りれば、「貪欲」がその旗をかかげ、「裏切り」と「復讐」が指揮をとったのである。

ブルゴーニュ侯の入市がおくれたのは、ある計算があったからだ。民衆の暴動にアルマニャック与党の一掃を予期したのだという見方があるが、これはいささか見当ちがいというものだ。じっさい、ブルゴーニュ侯は、アルマニャック伯殺害のニュースに接して激怒したという。かれはあくまでもアルマニャック党派との和解を考えていたのである。七月に王妃とともに入市したジャンは、八月下旬、アルマニャック党派の囚人に対する裁判の遅延とあいかわらずの食糧難とに苛立ってふたたび暴動を起こした民衆に対し、弾圧者としてのぞんだ。首斬役人カプルシュをリーダーとする暴徒の関心を外にそらせ、アルマニャック勢の残党がパリの市門を脅やかしている、討伐軍に参加せよと民衆に呼びかけた。これに応じた民衆がブルゴーニュ侯配下の騎士隊に率いられて外に出ているあいだに、カプルシュら首謀者は捕えられ、処刑された。カプルシュ処刑の折、パリの辻々には武装した「市民」が警備に立ったという。この「市民」が上層市民を指していることは疑いをいれない。敵勢討伐に向かった民衆は、カプルシュら逮捕のニュースにおどろいてパリに引き返した。だが、かれらの鼻先で市門は閉じられたと、年代記家モンストルレは記している。内の不安を外の危機に転化する、これはいつの時代にも権力者の好んで使う手ではある。

❖三つの政権

ブルゴーニュ侯はパリと王と王妃を制した。かれは「王令」を左右しうる位置にある。この権力者にふたつの勢力が対抗する。これが一四一八年後半以降の情勢である。ひとつは王太子シャルル。この一五歳の若者は、六月暴動のどさくさにまぎれてパリを脱出し、パリ近辺で勢力を立て直し、アルマニャック党派を継承する立場に立つ。王太子は摂政を称し、拠点をロワール川流域におき、この年の暮れまでに、ポワチエにパルルマンを、ブールジュに会計院を設置して、パリの政府に対抗する構えを固めた。

もうひとつはイギリス王ヘンリー五世である。ヘンリーは、一九年一月のなかばにルーアンを占領してノルマンディーの占領を完了し、その後、ゆっくりと勢力を東に伸ばす。パリ近郊のマントが二月初旬に、ポントワーズは七月末日にヘンリーの手に落ちた。じっさい、この頃

1418〜19年におけるイギリス、王太子、ブルゴーニュ侯の勢力拠点

にはパリは事実上イギリス軍の包囲下にあり、ジャン＝サン＝プールもパリをしりぞいて司令部をパリ東南のプロヴァンにおいていたのである。

この情勢下に、ジャン＝サン＝プールは王太子との協定実現に全力を傾けている。王太子シャルルの勢力圏はロワール川以南の各地方に広く分布し、南の王領ラングドックもブルゴーニュ派から王太子派へとしだいに姿勢を転ずる傾向にあった。また、パリの北、王太子の有力な後楯アンジュー、オルレアン家の家領の分布するオワーズ渓谷の諸地方も王太子支持の分厚い地盤を提供していて、たとえばソワソン、コンピエーニュ、モー、ムランといった諸都市は王太子の威令下にはいっていたのである。

このことはブルゴーニュ侯のシャンパーニュにおける勢力圏とフランドル方面との連絡にとって重大な脅威を意味した。北フランスにおけるブルゴーニュ侯の位置はそれほど安定したものではなかったのである。だからといって、ジャン＝サン＝プールにはヘンリー五世と提携する気などさらさらなかった。ヘンリーは、ジャンとシャルル双方を手玉にとって、ジャンに対してはギュイエンヌ（アキテーヌ）領有を条件に、シャルルに対してはフランドル領有を条件に、それぞれ同盟を提起してきたが、ジャンもシャルルもヘンリーの弱みを承知しぬいていた。ヘンリー五世には、ノルマンディー占領に加えて北フランス制圧をはかるだけの資力も軍事力もなかったのである。だからこそジャンはパリを離れ、北フランスへのイギリス軍の進入を横目に見ながら、王太子と折衝する余裕を見せたのである。一八年九月、パリ近郊サン＝モール＝デ＝フォッセ協定に始まり、数次にわたる和平協定の試みがくりかえされた。その継続として、一九年九月一〇日、セーヌ川にイョンヌ川が合流する地点、モントローの橋の上で、王太子とジャンとの会見が企画された。この席上、不祥事が起きた。これが状況の流れを変えた。ジャン＝サン＝プールが謀殺されたのである。

❖モントローの謀殺

セーヌとイョンヌの合流地点に城館があり、およそ一〇〇騎ほどの手勢を率いてそこに到着

モントローの橋（17世紀を想定した作図）

したジャン＝サン＝プールは、小憩ののち、夕方の五時ごろ、城館とモントローの町とを結んでイョンヌ川にかかる橋を渡った。随行のもの一〇名。王太子は、橋の中央に柵状の囲いを設け、そこを会見の場所に指定していたのである。王太子も、同じく供廻り一〇名をひきつれて、町の方からそこにはいる約束になっていた。王太子一行は先に来ていた。ブルゴーニュ侯の一行が囲いのなかにはいった。木戸が閉ざされた。事件が起こった。ジャン＝サン＝プールは頭に手斧の一撃を受け、拳を切断されて倒れた。兇器をふるったのは元パリ代官タヌギイ＝デュ＝シャテルであった。ジャンの顧従のうち、モンタギュ領主ジャン＝ド＝ヌーシャテルだけが城館に逃げかえり、他のものは全員捕えられた。

　散文的な書き方をしたが、以上が確かとされる事実である。これ以上は想像力のはたらきを待たなければならない。想像力も、しかし、ある予断に支配されるのがむしろつねであり、わたし自身数年前に書いた文章がじつはその例にもれない

（集英社版「世界の歴史」5『信仰と闘いの時代』において。なお、この改訂本である社会思想社版教養文庫「世界の歴史」5『中世ヨーロッパ』においてはこの部分を書き直した）。話し合いの過程で互いに激して不慮の事態が生じたという趣旨の文章を書いたのだが、このいわば事故説、これは実はいってみれば古典学説であって、大方のフランス人歴史家はこれに忠実である。この解釈は、王太子がこの事件の直後に発した書簡二通と年代記家ジュヴェナル＝デ＝ジュルサンの記述に基づいている。デ＝ジュルサン家のものたちは、ブルゴーニュ勢のパリ奪回の折、パリを逃げ出している。だから、これは王太子側の立場に立つ記録であり、第一ジュヴェナル自身、事件を目撃したわけではない。目撃者である王太子の証言は、事件の経過について、二通の書簡が互いに矛盾するという欠陥を持っているのである。この解釈はどうやらあやしいのではないか。この事件は王太子の仕組んだわなという感じが強い。他方にはこう想像力をはたらかせる歴史家がいて、前に紹介したイギリスのヴォーン教授もそのひとりである。当然のことながら、このばあい、推定の根拠にはブルゴーニュ側の資料が動員される。

ごく単純に考えて、偶然の事故としたら、ブルゴーニュ侯の一行全員が、ジャン＝ド＝ヌーシャテルの例外はあるにしても、王太子側の手中に落ちたというのは変ではないか。互いに人数は一〇名ずつと指定し、その点にこだわったのは王太子の方であった。一〇対一〇でブルゴーニュ側が全員やられたというのは妙である。この点、わたしは以前、「柵の外から王太子の護衛兵たちが乱入して」と合理化したが、もしそうだとすると、そのタイミングに、城館にひかえていたブルゴーニュ侯の「護衛兵たち」がおくれたのはどういうわけか。ジャン＝ド＝ヌーシャテルだけが逃れ得たのはなぜか。すばしっこい男だったのだとかたづけてすむ問題でもあるまい。各種の証言を勘案《かんあん》して、こんなぐあいに考えてゆくと、どうやら王太子謀略説の方が説得力を持つようである。

ブルゴーニュ侯の一行が囲いの中にはいった、戸口があわただしく閉じられた、しんがりにいたジャン＝ド＝ヌーシャテルひとり閉め出されたかたちになった。そのかれの耳に「殺せ！」という叫び声が聞こえた。反対側の戸口から大勢の人数が乱入する音、入りみだれる叫び声、ぶつかり合う物音、うめき声。ジャン＝ド＝ヌーシャテルは逃げ出した。かれの立場に立って想像すれば、こんな状況ででもあったろうか。王太子とその側近グループは、あらかじめ計画を練り、橋のたもとの茂みなどに弓兵を伏せることまでして、ジャン＝サン＝プールの殺害を企図した。手斧をふるったタヌギイ＝デュ＝シャテルにとっては恨み重なる政敵。一六歳の王太子には（近代ふうにいうならば）国家理性（レゾン＝デタ）の発動という気負いがあったでもあろう。王太子にとってこの謀殺がどんなに重い負担になることか、それはかれ自身がその後の経験を通じていやというほど思い知らされることになるであろう。

❖フィリップ＝ル＝ボンの登場

九月一一日、トロワの政府は事件を知った。一二日、王妃は各方面に伝令使を発した。一四日、ガンについた伝令使は、ジャン＝サン＝プールの息フィリップに情報を伝えた。トロワからガンまで三〇〇キロ。これを二日間で踏破した勘定になる。王妃の伝令は、他方ディジョンに向かい、ブルゴーニュ侯妃マルグリット＝ド＝バヴィエールに悲報をもたらした。

当時ブルゴーニュ侯国は、北方のフランドル、アルトワを一人息子のフィリップが、ブルゴーニュ本領を侯妃マルグリットが預り、ジャン＝サン＝プールはフランスの内政に首をつっ込むという形で運営されていたのである。動揺は起きなかった。フィリップはあわてなかった。父侯に代わってさっそくフランスに乗り込むようなことはしなかった。王妃や侯妃からの矢の催促を受け流し、まずフランドル、アルトワの両伯位を確保し、諸都市の同意をとりつけることに専念した。父侯ジャンの顧問官たちは、フィリップのとるべき方策について慎重な審議を続けた。ようやく一〇月にはいって、フィリップは親族の集会を開き、続いて侯国の全体会議をアラスに招集し、一〇月の末父侯の葬儀を荘重にとり行っている。ヘンリー五世の使節団もこれに参列した。顧問会議の議論の焦点はヘンリー五世との同盟の是非にあった。実利的観点から見てこの同盟は得策かどうか、議論はこの角度から白熱したと史料は伝えている。結論は同盟策と出た。二月二日、アラスでイギリス使節団とのあいだに同盟予備条約が調印された。

ドライというよりはむしろクールというべき決断であった。フィリップは「シャルル六世の権力の委任を受けて、フランス諸侯の代理として」これに署名したのであったが、しかしこの決断には侯国の利害が優先している。すでに故ジャン侯が手をつけていた同盟体制確立の試みの一環として、イギリスのランカスター王家との提携が考慮されたのである。この後、一四二三年にかけて、ブルボン侯家、サヴォワ侯家、ブルターニュ侯家、イギリスのベドフォード侯家などとのあいだに協定が成立し、ブルゴーニュ侯は、この同盟体制に守られて、安心してネーデルラントの経営に専念することができるようになったのである。このことはまた後の話題としよう。

トロワの政府は王太子とその取りまき、アルマニャック党派に対する正義の戦いを要請し、パリもまたブルゴーニュ侯を支持する。王太子シャルルの懸命の弁明もむだであった。王太子は、ムラン、モントロー、コンピエーニュ、モーといった北フランス各地の拠点を腹心の手にゆだね、一二月末、南の王領（ラングドック）の制圧に向かう。ブールジュからリヨン、アルビと廻って、翌年三月初旬にはトゥールーズにはいり、パルルマンを設定して、ラングドックの支配権を確立する。カルカソンヌ、モンペリエ、ニームを経て、六月初旬にはポワチエにいたった。南の王領におけるブルゴーニュ侯の与党都市は、エーギュ－モルトほか三都市を残すのみとなった。

❖トロワ同盟

王太子がポワチエへの道をたどっているあいだに、五月二〇日、ヘンリー五世は一万二〇〇〇の軍勢を率いてトロワに到着し、翌二一日、王妃、および王の名代としてのブルゴーニュ侯フィリップとのあいだに、ランカスター＝ヴァロワ両王家間の同盟条約をとりかわした。三一か条から成るこの条約は、第二九条において、王太子を称するシャルル＝ド＝ヴァロワのフランス王位相続権を否認し、ヘンリー五世にフランス王女カトリーヌを与えることを約している。結婚は、六月二日、トロワの聖堂でとり行われ、その翌日、フランス王の女婿、条約によってフランス摂政位についたヘンリー五世は、婚姻祝賀のトーナメント（騎馬槍試合）を中止させ、王太子シャルル側の都市サンス攻囲を指令した。ヘンリーとしては一気に北フランスを席巻《せっけん》するつもりであったのであろうが、サンスに次いでモントローを落とし、さらにムランを包囲した段階で、ランカスター＝ヴァロワ＝ブルゴーニュ同盟軍のあいだに乱れが見えはじめた。

モントロー奪取ののち、フィリップは父侯の遺体を仮埋葬されていた墓地から掘り出し、ディジョンに運んだ。いってみればイギリス王との共同作戦の目的はこれにあった。七月初旬に始まったムラン攻囲は、けっきょくずるずるのうちに冬にはいった。王太子からムラン防衛をまかされたバルバザンの領主アルノー＝ギュイレム、通称バルバザンの作戦指揮の巧みさもあったが、それよりも攻城側の足並みの乱れの方が問題であった。摂政ヘンリーのパリ統治のやり方に対するパリ市民の不満が軍兵の志気に直接はねかえった。ブルゴーニュ侯麾下の諸侯のうちには、たとえばオランジュ侯（オランジュ侯領はリヨンの南にあり、のち、ネーデルラント独立戦争を指導したウィレム沈黙公の所領となる）のように、あくまでトロワ条約を認めず、ヘンリー五世に対して敵対する立場を貫いたものもいたのである。けっきょく一一月も中旬にはいって、ようやくバルバザンは町をあけわたした。「馬、猫、虫のたぐいを喰いつくして」と、ある年代記は伝えている。

一二月一日、シャルル六世は、ふたりの女婿をしたがえてパリに入城した。記録は克明にその行列の隊形を伝えている。フランス王とイギリス王が馬を並べて進んだ、続いてイギリス王のふたりの弟、クラレンス侯とベドフォード侯が馬を並べる、そのすこし前方を左側に寄って「全身黒づくめの」ブルゴーニュ侯がひとり黙々と馬を進める、といったぐあいに。フィリップ侯のおかれた状況を暗示しておもしろいではないか。この年の暮、王館サン＝ポール館でジャン＝サン＝プール殺害に関する査問会が開かれた。王太子を称するシャルルほか七名が犯罪人に指名され、王国追放を宣言された。ムランで降伏したバルバザンもそのひとりに数えられたが、実際にはヘンリー五世はこれを処断してはいない。事は形式の問題であった。この行事をすませたのち、もはやブルゴーニュ侯フィリップの関心はフランスにはなかった。クリスマスをパリで祝ってすぐ、フィリップはガンに帰った。翌年早々、ヘンリー五世もまた、パリを叔父のエクゼター侯に、ノルマンディーを弟のクラレンス侯にまかせて、ロンドンに帰った。

III

ジャンヌ現代史

オルレアンへ

❖ドンレミ村

「さて、かくは誓言を立てたのち、ジャンヌはわれわれによって名と姓とを問われた。これに対し、かの女の答えるには、故郷ではジャネットと呼ばれた。フランスに来てからは、人はジャンヌと呼ぶ、と。だが、姓についてはよう知らぬとかの女はいった。次いで、出生地について問われた。かの女は答えて、ドンレミ村に生まれた、村はグルー村と結んでいる、そのグルーに親教会がある、と。同じく、その父母の名について問われた。かの女は答えた、父親はジャック＝ダルク、母親はイザベルと呼ばれていた、と。」

ジャンヌ＝ダルク裁判記録の一節である。一四三一年二月二一日、公開審理第一日目、開会劈頭《へきとう》の問答である。かの女はドンレミ村に生まれた。ドンレミはナンシーから西におよそ六〇キロ、ムーズ（マース）川上流左岸の一小村である。いまはドンレミ－ラ－ピュセルと呼ばれて

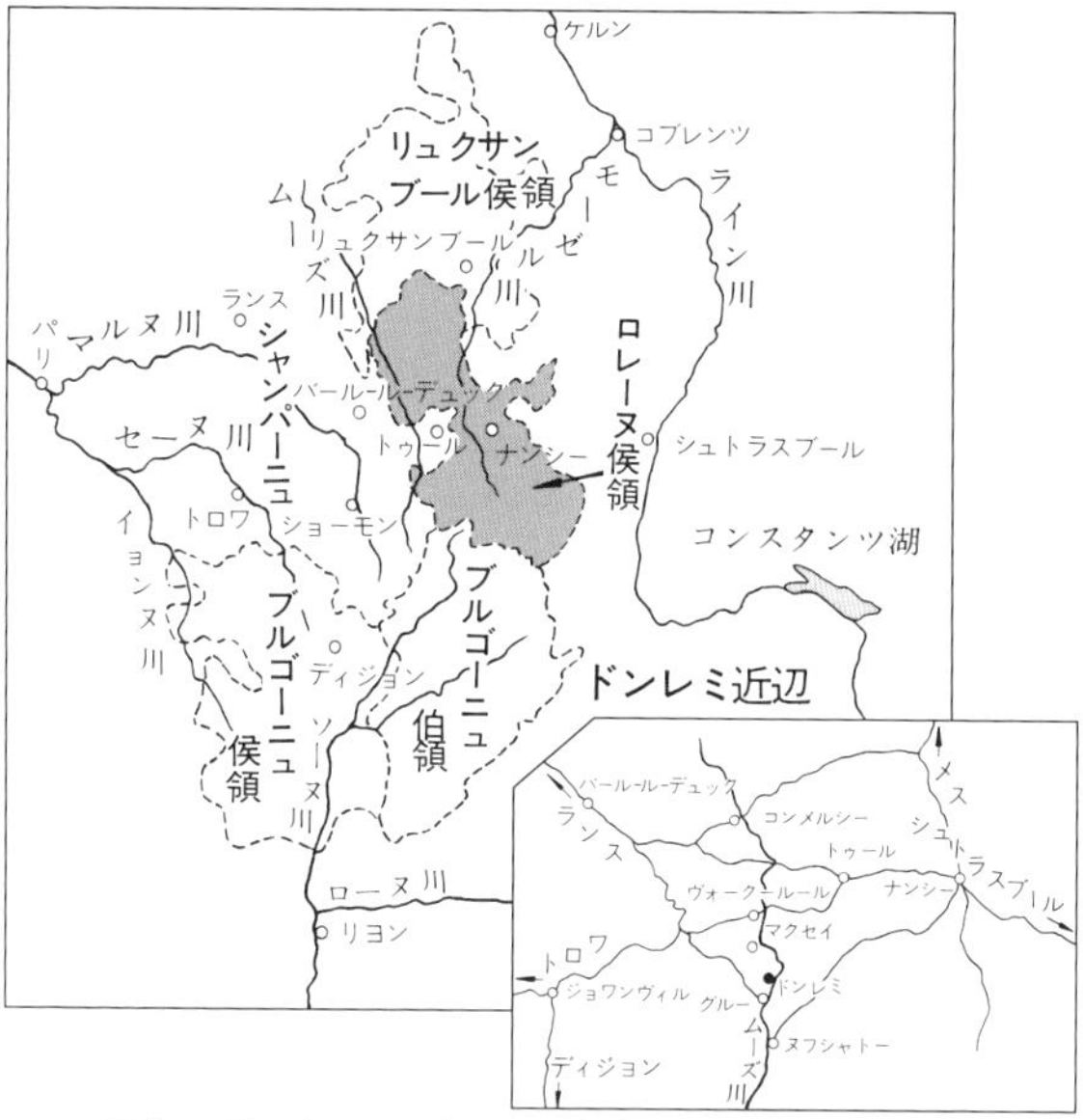

ロレーヌ・シャンパーニュとドンレミ近辺（右下）

いる。ムーズ渓谷は神聖ローマ帝国とフランス王国の境界地帯、神聖ローマ皇帝とフランス王それぞれの宗主権《そうしゅけん》が競合する地域であった。ドンレミ村は、フランスのカペー王家と同じくらい歴史の古いバール侯領に属していた。バール侯領は本来、神聖ローマ皇帝の宗主権の下にあった。それが、一四世紀初頭、フランス王フィリップ四世と争って破れ、ムーズ川左岸（西）の所領についてフランス王に臣従し、これを宗主と認めることになったのである。ここにバール-ル-デュックを首府とするフランス側バール侯領が成立した。ドンレミ村は、その一部として行政的にはシャンパーニュのフランス王の代官の管轄下にはいったのである。

ちなみに、バール侯家は、本来ロートリンゲン（ロレーヌ）侯家の家系に属する。一五世紀末葉には一時ロートリンゲン侯領と合体した。これが最終的にフランス王国に帰属したのは、実にルイ一六世の時代、一七六六年のことであった。ドンレミ村がシャンパーニュに属するかロレーヌにかという、古来しばしばむしかえされてきた議論には、けっきょく明快な答えは出ないのである。一四世紀の末、ドンレミ村は二五世帯を数えたという。しかし、バール侯領には属さない数世帯も村の構成に加わっていたという。ともかくこの時代の封建的所属関係、行政区分は入りみだれていて、わたしたちの頭を混乱させるのである。

グルーもシャンパーニュの王の行政圏に組み込まれていた。ドンレミとグルーは行政的につながっていた。だが、ジャンヌの証言はその意味ではない。この証言には、グルーの教会を親教会とするドンレミ村の教会堂のイメージが優先している。ドンレミの教会堂はランスの守護聖人レミギウスに献堂されている。ちなみに、ドンレミの呼称もそれから出ている。ジャンヌの時代の遺構は、わずかに四角い塔の部分しか残っていない。もうひとつ、堂内に聖女マルグリットの彫像があり、この製作年代は一五世紀中葉以前にさかのぼるとされる。だから、この聖女の彫像に少女の頃のジャンヌ・ダルクが日頃接していた可能性は大きいのである。ジャンヌは聖女マルグリットの声を聞いて使命にめざめたと証言している。

❖ジャンヌの生家

この村に、ジャンヌ・ダルクは生まれた。父親のジャック＝ダルクという名前については従来論争がある。Jacques d'Arc の d'Arc は本来 Darc と表記されたのではないかとする意見がかなり広範に支持されているのである。記録資料にもこの表記が事実出る。たとえば、あるフランス語で書かれた裁判記録（オルレアン写本と呼ばれている）には、父親の名は Tarc と出ている。一四二九年一二月にシャルル七世（王太子シャルル）がジャンヌとその家族を貴族に列せしめた令状の、一五五〇年に発行された写しというのがあって、それには Daix の表記が見られるという。同じ一六世紀のモンテーニュの『旅の日記』には、ジャンヌの生家を訪れてのくだりに Jane Day の表記が認められる。だが、最近、裁判記録のラテン語版の校訂、翻訳、注解の仕事を行ったピエール＝ティッセは、旧説にしたがい、Arc を地名と見て、諸説を検討している。ティッセ氏は、どうやら、マルヌ川上流のショーモン近辺のアルク－アン－バロワ（バール侯領のアルク）あたりをジャック＝ダルク出自の地とする考え方に傾いているかのようである。ここはもうブルゴーニュ侯領のディジョンに近いが、しかし行政的にはあくまでもシャンパーニュに属する。ちなみに、Arc が Ay 音で発音される、いいかえれば r 音が脱落することは、ロレーヌ地方では珍しくはないという。もしそうだとすると、これはついでだが、

ジャンヌの生家

往年のフランス名画「美女と野獣」の主演女優 Josette Day は Josette d'Arc のなまりで、あるいはかの女はロレーヌ出身かということになる。どちらにしても、わたしなどは「ジョゼット=デイ」と読んでいたが、これはいささか反省を要するようでしたねえ。ジョゼット=ダーイかな。モンテーニュに追従することになる。

母親イザベル。その姓はロメ。かの女の出ははっきりしている。ドンレミ村と同じ性格の近隣の村ヴートンの出である。この時代、ロレーヌ地方においてはとくにそうであったが、子は必ずしも父親の姓を名乗るとはかぎらなかった。父姓、母姓の両原理が、互いに自信なげに競合していたのである。だからジャンヌはジャンヌ=ロメと名乗ってもかまわなかったし、ロレーヌ地方ではむしろそれがあたりまえだったのである。「姓についてはよう知らぬ」とのジャンヌの証言は、そういう慣行を背景にしている。証言拒否、あるいは裁判官たちに対する揶《や》揄《ゆ》と読むのは近代の慣行を背景とするわたしたちの判断である。

さて、この家族の社会的ステイタスだが、公的記録の示すところによれば、一四二〇年に、「イール＝ド＝ドンレミの城館」の賃貸人として、もうひとりの村人とともにジャコブ＝ダルクの名が出ている。これは当時のドンレミ村の領主ブールレモンの所有する城館とそれに付属する草地であって、村から見てムーズ川の対岸、本流と細い支流が作る中州状の土地（イール）にあった。ドンレミ村とグルー村の村人はここを家畜の飼育場に、あるいは村が無法の軍勢に襲われたばあいなどの緊急避難の場所として使ったのである。また、一四二三年の記録には、「村の世話役」（ドワイアン）ジャック＝ダルクの名が、また二七年には、ヴォークールールの領主ロベール＝ド＝ボードリクールの法廷でドンレミ村の住民の「代訴人」をつとめたジャコ＝ダルクの名が見られる。総じて村の有力者のひとりであったといえようか。

この村で、この両親のあいだに、ジャネットは、一一年ないし一二年の初頭に生まれた。三一年二月の法廷で、「たぶん一九歳」とジャンヌ自身証言しているのである。これ以外、ジャンヌの生年についての確かな証言は残されていない。

❖少女ジャネット

「年少時、手の業を身につけたかと問われた、かの女は、はいと答えた、布地を縫い、糸を紡ぐ業を。紡ぎ、縫う業にかけてはルーアンのどの女にもひけをとりません、と。」公開審理

村に帰る牛の群（ドンレミ村にて）

第二日目の法廷において、ジャンヌはこういばっている。少女ジャネットは、当時ごくあたりまえの農村の娘の生活を生きた。「次いで、こうつけ加えていった、父親の家にいたあいだ、かの女は家事に従事していた、羊などの家畜を野原に連れ出すことはしなかった。」第一章で紹介したように、パリの一住民も、ブリユージュ駐在の一ヴェネチア人も、「羊飼いの娘」ジャンヌについて報じている。だが、ジャンヌ自身の証言は、実はこの情報を裏切っていたのである。当時、羊飼い女は占女《うらない》というイメージがあった。魔術を使うものとさえも想像されていたのである。裁判官たちはジャンヌ自身にその正体を白状させようとした、かの女もまたそのたくらみを察し、警戒してこう答えたのだとする意見がある。だがこれはうがちすぎだ。なにかむきになってジャンヌを弁護しているという感じだ。裁判官たちは悪者で、ジャンヌをわなにかけようとしている、おそろしい鷹の鉤爪《かぎづめ》から必死に逃げまわる可憐な小鳩、それがジャンヌだ。こんなぐあいの予断がここにはある。第三日目の法廷で、ジャンヌはさらにていねいに、こう答えている、「そのことについてはまえに答えました。大きくなって分別のつく年頃になってから、日頃家畜の番をしていたということはない。ただ、牧場に連れていったり、それから軍勢の襲来をおそれて、イールと呼ばれていた館に連れてゆくのを手伝ったことはよくあった。けれど、ちっちゃいときに家畜の番をしていたかどうか、覚えてはいません。」

別にジャンヌの生家が牧畜をやっていたというわけではない。村中の家畜を交替で放牧場に連れてゆくという慣行があり、当番に当たった父親にかわってその仕事をやったこともあったし、掠奪の危険がせまるや、みんなといっしょに家畜を追って川を渡り、「イール-ド-ドンレミ」に避難したこともあったということなのだ。個人的な記憶で恐縮だが、先年、ドンレミを訪れて一泊した折、なだらかな丘陵に沈む夕日を受けて地表に長く影を落とす牛の群れを追う少女を見かけた。その少女にジャネットのイメージを重ねてみたが、どうも牛飼い娘という印象からは遠かった。ジャンヌはごくふつうの農家の娘であった。平凡ながらこれが真相と思われる。

古来うるさい詮議《せんぎ》の対象となってきたものに「妖精たちの木」というのがある。これも第二日目にジャンヌはこう証言している、「ドンレミ村のすぐ近くに貴婦人たちの木（アルブル-デ-ダーム）と呼ばれる木がある、妖精たちの木（アルブル-デ-フェ）と呼ぶ人もいます。そのそばに泉があります（中略）大きな木で、ぶなです。その木から、五月、ル-ボー-メとフランス語でいいますが、五月が来ます。その木は領主の騎士ピエール＝ド＝プールレモンのものだといわれていました。」ジャンヌの生家の戸口に立つと森が見え、ボワ゠シェニュ（かしわの森の意）と呼ばれていたその森のはずれに問題の木はあった。枝葉をひろく大地に垂らし、木陰の空間を作るこのねじれ曲った幹の大柏は、この地方には珍しい種類の木であった。それだけにめだったのか、この大柏と泉をめぐって古俗と伝承が形成されていた。自然信仰の名残りをとどめる「五月の木」の古俗がその中核をなしている。四旬節の一行事としてキリスト教の信仰体系のなかに組み込まれた季節の祭り、よみがえる春のことほぎである。少女たちが木のまわりで踊りを踊る、花飾りを枝にかける、小枝を折りとって村に持ちかえる、春を連れかえる、「五月が来る」。ジャンヌは、さらに証言を続けて、こういった美しい情景の点描を試みている。なによりもわたしたちの感動を誘うのは、ルーアンのジャンヌの表白する少女時代へのノスタルジアである。「フランスへ行かなければならないと知ったときから、この少女たちの遊びやねり歩きにめったに加わらなくなりました、できるかぎり加わらないようにしました。分別が身についてのち、木のそばで踊りを踊ったかどうか、覚えてはいない。けれど、ときには子供たちといっしょに踊ったことがあったことでしょう、踊りもしましたが、踊るよりはむしろ歌いました。」法廷の書記の生硬《せいこう》な筆致がうらめしい。一九歳の女ジャンヌの生身の言葉は、この想い出を語るとき、みずみずしい情感にあふれていたにちがいない。

❖政治的混迷

ジャネットが分別を身につけたころ、この地方、つまりシャンパーニュ東部からロレーヌにかけてのあたりは、党派の争いをもろにかぶり、治安は極度に悪かった。シャンパーニュに対するフランス王家の統制のたがはがたがたにゆるみ、ロレーヌ（ロートリンゲン）侯シャルル二世の勢力は上げ潮にあった。もともとブルゴーニュ侯側に立つロレーヌ侯は、一四一九年、その一人娘をルネ＝ダンジュー（アンジュー侯ルイ二世を父とし、アラゴン王女ヨランドを母とする）にとつがせたのをきっかけにブルゴーニュ侯との親密な関係を切りはしたが、しかし、その独自な立場を追求する姿勢を変えたわけではなかった。ルネ＝ダンジューは、バール侯家最後の男系相続人バール枢機卿の養子になっていた。この結婚の直後、バール枢機卿はバール侯領をルネ＝ダンジューに贈与した。かくてロレーヌ侯家は、ルネ＝ダンジューを通じてバール侯領に対する権利をにぎり、シャンパーニュ東部ににらみをきかせる態勢を整えたのである。

さらにはまた、神聖ローマ帝国圏内に属する、モーゼル川やその支流ザール川流域の諸伯、たとえばザールブリュッケン（サルブリュック）を首府とするナッサウ＝ザールブリュッケン伯家の動きもあった。一九年七月、七つか八つの少女ジャネットは、ムーズ川の下流、マクセイ村の方向に、麦畑を焼く焔と煙を目にしたはずである。ドンレミの北、コンメルシーに根城をおく、ザールブリュッケン一族のロベール某がマクセイ村に襲撃をかけた折のことである。やがて、一二三年には、このロベール＝ド＝ザールブリュッケンはドンレミ村を一時その保護下においた。ということは村人から貢租をとりたてたということだ。この種の「群盗」と化した軍勢の横行は、むしろ珍しいことではなく、たとえば一二五年にもアンリ＝ドルリイなる騎士が手勢を率いてドンレミ村に来襲し、村人たちは不意をつかれて家畜を「イール」に移すひまさえなかったという事件が起きたが、このアンリ＝ドルリイなるものは、ブルゴーニュ侯に忠誠を誓う、いわばこの地方の一匹狼的存在であったのだ。

ブルゴーニュ侯のシャンパーニュ東部に対する統制は、あるときにはパリの政権と協調しつつ、またある時期には反目し合いながらも、だいたいにおいて維持されていた。マクセイ村はこの地方のブルゴーニュ勢の拠点のひとつであったし、しばしば一枚岩的な王党派（王太子派）とレッテルをはられがちなドンレミ村にも、じつはただひとりだけブルゴーニュ与党の住民がいたのである。ジェラール＝デピナルという人物であって、のち、一四五〇年代のジャンヌ「復権訴訟」の折、六〇歳と自称し、とぼけた証言を残している。「わしはなにも知らん。ただ、ジャネットは、出発しようと肚を決めたとき、わしにいったものだ、おともだち、もしあんたがブルゴーニュ党の人でなかったら、話したいことがあったのに、とな。わしは、また、てっきり、嫁にいきたい男のことかと思ったものだて。」

❖フランスへ

およそこんな雰囲気のなかで、一三歳の年の夏の正午、ジャネットは「声」を聞いた。そうかの女は第二日目の法廷で証言している。一四二四年か五年のことになる。「声」の訪れはその後も続いた。「フランスへ行け」、そう「声」はジャネットをはげました。週に二、三度は「声」を聞いた。「声」は光のなかにあらわれた。「声」は大天使ミカエルとふたりの聖女、マルグリットとカトリーヌであった。ついに「声」は、これは当然二八年秋以降ということになるが、オルレアンの囲みを解かしめよ、それにはまずヴォークールールの町へおもむき、そこの隊長ロベール＝ド＝ボードリクールに会えと具体的な指示を与えた。そこでジャネットは、近村に住む「おじさん」に相談し、「おじさん」につきそわれてヴォークールールに出かけた。ロベール＝ド＝ボードリクールは二度までジャネットを拒否したが、三度目にはかの女の懇請に屈服し、かの女が当時王太子シャルルの滞在中であったシノンにおもむくことを認め、かの女に剣を与え、騎士ひとり、従騎士（楯持ち）ひとり、従者四人をつけてやった。「行け、行け、なるようになれ」、そうヴォークールールの隊長はジャネットにはなむけの言葉をおくったという。こうしてジャネットは「フランス」へ出発したのである。

第二日目の公開審理の法廷でジャンヌ自身が証言したところをすなおに読めば、こういう経過となる。証言の言葉の流れはすこしも不自然ではなく、これ以上穿鑿する必要もない感じなのだが、しかし、このあたりの事情については、従来、かまびすしい議論が絶えまなく続いているのである。

「声」については後章でなお考えてみることにしたい。「声」の指示した行動のプログラムの意味するところはなにか、さしあたりこれを考えてみたい。フランスへ行けと「声」は命じた。その「フランス」とはなにか。シャンパーニュの西にあたり、セーヌとオワーズのあいだといいまわされることがある土地を単に「フランス」と呼ぶ呼び方は当時ふつうに見られた。例のパンクラチオの手紙にも、たとえば「フランスとピカルディーのあいだ」といういいまわしが出ている。ヴォークールルールの西の門はフランス門と呼ばれていた。この門を出ると「フランス」へ行くからである。この意味での「フランス」ではないことは、指示の内容から見て明らかである。生地ドンレミをロレーヌ侯権の及ぶ土地とみなし、それと対比して、フランス王権の及ぶ土地というイメージをはらむ言葉と理解してよいであろうか。それほど限定されたポリティカル-タームとして使ったかどうか、それも疑わしい。けっきょく、正しい王の支配する土地というイメージを託した言葉ということになろうか。ロレーヌ侯権、ブルゴーニュ侯権、モーゼル川とザール川の流域の諸伯権の錯綜《さくそう》する政治的カオスのただなかにあって、少女ジャネットの小さな頭脳にあるアスピレーションが形成され、少女は「声」を聞いた。

❖王太子の戦略拠点

この政治的志向を確かにとらえるコミュニケーションの糸は、細いが、しかし強かった。シャンパーニュの王の代官たち（バイイ）の行政のシステムはパリに、ということは、一四二二年以降イギリスとフランスの王を称するヘンリー六世の名代ベドフォード侯につながっている。ところどころに、パリの統制に服さない離れ小島的な王太子シャルルの戦略拠点が点在していた。ヴォークールールはそのひとつであり、ジャネットのアスピレーションはそこへ向かった。ヴォークールールはシャルル五世の代に最終的に王領に編入された城主支配圏（シャテルニー）の中心の町である。シャンパーニュのショーモンの代官管区（バイヤージュ）に属する。この代官管区に属する他の町々はほとんどパリの統制にしたがったというのに、ここを預るロベール＝ド＝ボードリクールだけはがんこに抵抗していた。町の西部に、一二世紀の建造にかかわる石壁と一七の塔に固められた城砦を構え、ブールジュの王太子の政権とのコミュニケーションを維持するロベールに対し、一四二四年夏、ベドフォード侯は、シャンパーニュにロベールの保有する領主領のいくつかを没収し、脅しをかけている。ロベールは、二五年、結婚を通じてバール侯家に接近し、パリに対する守りを固めている。しかし、ついに二八年七月、ベドフォード侯からシャンパーニュを預るフランス王軍司令官アントワーヌ＝ド＝ヴェルジの軍勢がヴォークールールを攻囲した。市民は城砦に避難したが、周辺の村々の住民たちは見捨てられた。ジャネットを含むドンレミ村の人々は、このとき、一〇キロ南のヌフシャトーまで避難している。けっきょくロベールは協定を結び、表面上、パリの統制に服する形をとることを余儀なくされたのである。それからしばらくして、おそらく同年の暮か翌年初頭、ジャネットがヴォークールールに姿を現した。

❖勇猛な武将と神に憑かれた少女

ジャネットの後見につきしたがったデュラン＝ラサールは、「おじさん」とジャンヌは呼んでいたものの、その実、一五歳年長のいとこにあたる。ジャンヌのおばの娘の夫であり、ドンレミからヴォークールールにいたる道筋の途中に位置する村、現在のビュレー＝アン＝ヴォーの住人であった。ジャネットは、このいとこの家のお産の世話をすると両親に嘘をついて家を出たらしい。もっとも、あながち嘘をついたとばかりはいえない気配も感じられる。デュラン＝ラサール自身の「復権訴訟」における証言によれば、ラサール自身がドンレミ村にジャネットを迎えにいったということである。この辺は十分整合化に耐える。だが、ラサールはジャネットが六週間も滞在したというが、ジャンヌ自身の証言は「ほとんど八日間」、つまり一週間と喰いちがう。このあたりのクロノロジーは混乱していて特定できない。だいたいが「復権訴訟」における証人の証言は、事件が二〇年以上も前のことでもあり、ジャンヌ伝説が形成されてゆく過程で記憶がある特性を帯びるようになっていったことも十分想像され、あまり信用できない。むしろルーアンの裁判におけるジャンヌ自身の証言をすなおに読むべきではないかというのが、最近のまともな研究者の意見である。だが、ラサールのこの証言に限っていえば、これは採用すべきだとわたしは考える。ラサールがいとこのジャネットにお産の手伝いをたのみにきた。旅立ちの第一歩は、こうしてごく常識的な形で印された。六週間か一週間かはともかく、こうしてビュレー=アン=ヴォーにしばらく滞在したジャネットは、これをちょうどよい機会と見たか、「おじさん」を説得して、ヴォークールールに連れていってもらった。

実は、ジャンヌのヴォークールール訪問はこれが二度目である、半年ほど前に一度来て、追いかえされたことがあるのだという説があって、これが通説となっているのである。たとえば最近邦訳されたアンドレ=ボシュアという人の本（『ジャンヌ・ダルク』クセジュ文庫）も無批判にこれにしたがい、小説的空想をまじえて下品な筆致でこのあたりのことを書いている。だがジャネット自身はそんな証言は残していないし、ラサールも同様である。実相はしばしば予想以上に単純明快である。ジャネットはこのときはじめてロベール=ド=ボードリクールに会い、シノンの王太子のもとへおもむく許可と援助を求めた、そう想像して都合の悪い点はなにひとつない。

さて、ロベール＝ド＝ボードリクールは、いささか風変わりなこの小娘にどう応待したか。ラサールの証言によれば、「平手打ちをしたたかにくらわせて父親のところに連れかえせとくりかえしていった。」ロベールがのっけからジャネットを信用したとしたら、かえって妙である。ロベールは当時三〇歳前後の男盛り。王太子の旗を奉じて孤塁を守る。勇猛な武将のイメージがある。かたや神に憑《つ》かれた少女。このコントラストの美しさがわたしたちの妖しい空想を誘う。だが、ただ勇猛なだけでは、この地方の複雑な政治状況には生きられない。ロレーヌ侯家への接近、ブールジュの政権とのコミュニケーションの維持、パリの政権への表面的な屈従。ロベールの政略の糸の織りなす模様にはリアリスティックな判断力（これを当時の記述者たちは「サンス」の一語で表現し、政治家たるものにそなわるべき第一の能力と判定している）が読みとれる。ロベールは、のちシャルル七世（王太子シャルル）からショーモンの代官管区を預る。これ以前、すでに一四二三年に、その伯父にあたるショーモンの代官にかわって代官代理をつとめたこともあった。かれは武辺一筋の男ではなかった。二度三度とジャネットを素気なく追いかえしながら、かれの頭の片隅に計算がなかったとはいえない。この小娘をどう使うか。平手打ちをくわえて追いはらうのも確かにひとつの手ではある。だが、なにかに使えないか。

❖旅立ち

そこへ、ロレーヌ侯シャルルから、小娘ジャネットに会いたいとの申し入れがあった。ロレーヌ侯のいたナンシーまで噂も流れたろうし、ロベールからの正規の情報もはいったのであろう。ロレーヌ侯はかの女に関心を示した。これはふつうエピソードとして扱われているが、しかし、意外と重要なポイントになる事件であったのではないかとわたしは考える。なるほど、ロレーヌ侯発行の自由通行許可証を持ったジャネットがナンシーについてみれば、なんのことはない、病床のシャルルは自分の健康についての託宣《たくせん》をジャネットに期待するしまつであった。予言者扱いを受けたわけである。ジャネットは、すなおにその方面に関する非力を告白し、愛妾といっしょに住んでいるシャルルに、正妃とお暮らしなさいと常識的な忠告を行ったのみであった。一方、ジャネットは、シャルルのむこルネ＝ダンジューがかの女を王太子シャルルのもとへ連れて行くようにと要請したが、これはあっさり聞き流された。ジャンヌのナンシー行は、まったくむだな回路であったのか。

ところが、ジャネットがヴォークールールに帰ってみると、情勢が変わっていた。おそらくこの段階で、ロベールはジャネットの希望に対し同意を与えたのである。ヴォークールールの市民たちの意向もジャネットを支持した。かれらはジャネットの旅の仕度《したく》を提供した。法廷で大問題とされた男装一式である。ラサールの証言によれば、ラサールは市民のひとりと一二フランの金を出し合って馬を一頭買ってやったが、その金はあとでロベールが出したという。ロベールは剣を一振りジャネットに与えた。ロベールの手のもので、ふたりの従騎士（楯持ち、騎士叙任以前の身分）ジャン＝ド＝ヌイヨンポン（ド-メス）とベルトラン＝ド＝プーランジイが、すでにナンシー行の段階からジャネットを支持して行動を共にしていた。ジャンヌの証言はふたりのうちひとりを騎士と思いちがいしていることを示している。かれらの従者ふたり、ジュリアン＝ド＝オネクールとジャン＝ド＝オネクール。それに、これが重要なのだが、当時ブールジュの政府とヴォークールールとのコミュニケーションを維持する役目を担当していたと思われる、王太子の厩舎《きゅうしゃ》掛職というポストのジャン＝コレ（ド-ヴィエンヌ）とその従者、弓射手リシャールなるものがジャネットの供についた。

さて、この一行七名がヴォークールールをたったのはいつか。これについても通説と最近の考え方とは喰いちがう。「復権訴訟」でのジャン＝ド＝ヌイヨンポンの証言は、ヴォークールール出立の日を、四旬節の最初の日曜日頃としている。一四二九年二月一三日にあたる。他方、ラ-ロシェル（ボルドー近くの港町）の市政府の書記は、ジャンヌのシノン到着を二月二三日と記録している。最近の研究者は、このふたつの日付を重視するのである。

一四二〇年代

❖幻の王冠

ロレーヌ侯のジャンヌ招喚《しょうかん》、ブールジュ政府の役人ジャン＝コレの介在、このふたつの事実はある想像に根拠を与える。ナンシーに通じていたコミュニケーション回路がブールジュに通じていなかったとすればむしろおかしい。前述のジャン＝ド＝ヌイヨンポンの証言は、「王の使者」といういいまわしでジャン＝コレを紹介している。王太子の意志がこのときすでにはたらいていたのではないか。ジャンヌのナンシー訪問中、ロベールはドンレミ村に人をやって調査させたとみられる節がある。これはロベール個人の裁量か。ジャンヌはロレーヌ侯にルネ＝ダンジューのブールジュ支援を要請した。これはジャンヌひとりの智恵か。当時王太子の後楯になっていた「シチリア王妃」ヨランド＝ダラゴン（これについては後述する）こそルネ＝ダンジューの母である。ヨランドの存在は、まったくこの件とは無縁であったのか。

ジャンヌが王太子とコンタクトをとったことが史料的に追認される最初の機会は、もうあと一日か二日でシノンという地点のサント＝カトリーヌ＝ド＝フィエルボワにおいてであった。ジャンヌは王太子あてに手紙を書いている。ちなみにジャンヌ一行の道程は確認されていない。オーセールを経過してジアンでロワール川を渡ったことは確かだが、おそらく危険地域を避けて間道を通ったのであろう。ともかく、現在、ヴォークールールから主要国道を使って最短の道をトロワ、オルレアン、トゥールとぬけてもシノンまで五〇〇キロ近くある。それを上廻る距離を一一日間で踏破したのだから、かなり急ぎの旅であった。この旅を準備したのは、はたして王太子であったか。最近、『一四二九年から一四六一年にいたる間のシャルル七世とジャンヌ・ダルクの関係』という研究書をポワチエ大学出版会から出したルネ＝アドリアン＝ムーニエは、自明のこととしてこれを前提においている。さて、どんなものか。ともかくも、一四二〇年代の情勢を展望してみよう。

二二年一〇月、シャルル六世が、身も心も弱りはてて世を去った。パリのサン＝ポール館の臨終の床には、王妃をはじめ近親者ひとりだに姿を見せず、葬儀につきしたがった諸侯はといえばベドフォード侯ただひとりという淋しさであった。この直前の八月、北フランスの征服者ヘンリー五世も、わずかに当歳の息ヘンリーを残して、三四年の短い生涯を閉じていた。ヘンリー五世は弟のベドフォード侯に、イングランド王位および、トロワ条約によってフランス王位継承権を保有する赤子ヘンリーの後見を託し、末弟のグロスター侯ハンフリーをイングランド摂政に指定していた。ここにフランス王の死を迎えて、ベドフォード侯はヘンリー六世のフランス摂政として、ノルマンディーとパリを預る。王太子シャルルの存在は無視された。

だが、ロワール流域に後退した王太子の頭上の幻の王冠は、ロワール以南の広範な王領および諸侯領、トゥーレーヌ、ベリー、ポワトゥー、リムーザン、オーヴェルニュ、リヨンネ、ドーフィネ、ラングドック、ギュイエンヌの一部、オルレアネ、ヴァンドーモワ、メーヌ、アンジューといった諸地方をひきつけていた。ロワール流域全域にひろがった戦線において、あるいはノルマンディーのイギリス勢と、あるいはマーコネ、ニヴェルネ、シャロレといったブルゴーニュ侯領に隣接するブルゴーニュ侯の所領においてブルゴーニュ勢と、王太子はけっこう活発に戦っていた。前節に紹介したロベール＝ド＝ボードリクールのように、その同じシャンパーニュ東部バロワ地方にギヨーム＝ド＝フラヴィ、ブルターニュとノルマンディーの境界モン-サン-ミッシェルにルイ＝デストゥートヴィル、ポンチューにジャック＝ダルクールとコカール＝ド＝カンブロンヌ等々、北フランス各地に点在する王太子腹心の連中もよくがんばっていた。ベドフォード侯と王太子の北フランスにおける角逐《かくちく》は、歴史家ジャック＝ダヴーにいわせれば「メーヌやヴァロワでの今日の勝者が明日はピカルディー、シャンパーニュで敗者となる」といった状況であって、これが一貫して二四年の秋ごろまで続いたのである。

この状況を構造的に組みたてていた因子のひとつがブルゴーニュ侯権の、いってみればナショナリズムであり、また、ベドフォード侯の資力不足とイギリス王家内部の抗争であった。このふたつの因子は密接不可分にからみ合い、けっきょく王太子の立場を有利なものとしたのである。

❖ブルゴーニュ侯の北方政策

これはネーデルラントの情勢に関連していた。エノー、ホラント、セーラント三伯領の伯であったバイエルン家のウィルヘルムが一四一七年に死去したのち、その遺産を相続したひとり娘ジャクリーヌが、その夫であるブラバント侯ジャンと離婚したのは二一年の春のことであった。ジャクリーヌはイングランドへおもむき、二二年の暮、イングランド摂政グロスター侯ハンフリーと結婚してしまった。このジャクリーヌの行動は、すでにかの女の権利に対してその叔父ヨーハン＝フォン＝バイエルンが異議を申し立てたことによって始まっていた、いわゆるネーデルラント継承問題に、新たにイギリス王家の権利という因子が持ち込まれたことを意味する。さしあたりエノー伯領の統制権獲得をめざすブルゴーニュ侯にとって、これは容易ならぬ事態の展開であった。ホラントに滞在中のヨーハン＝フォン＝バイエルン、ロンドンのグロスター侯、そしてフィリップ、三者間に使者があわただしく往来した。二四年春、ヨーハンは、

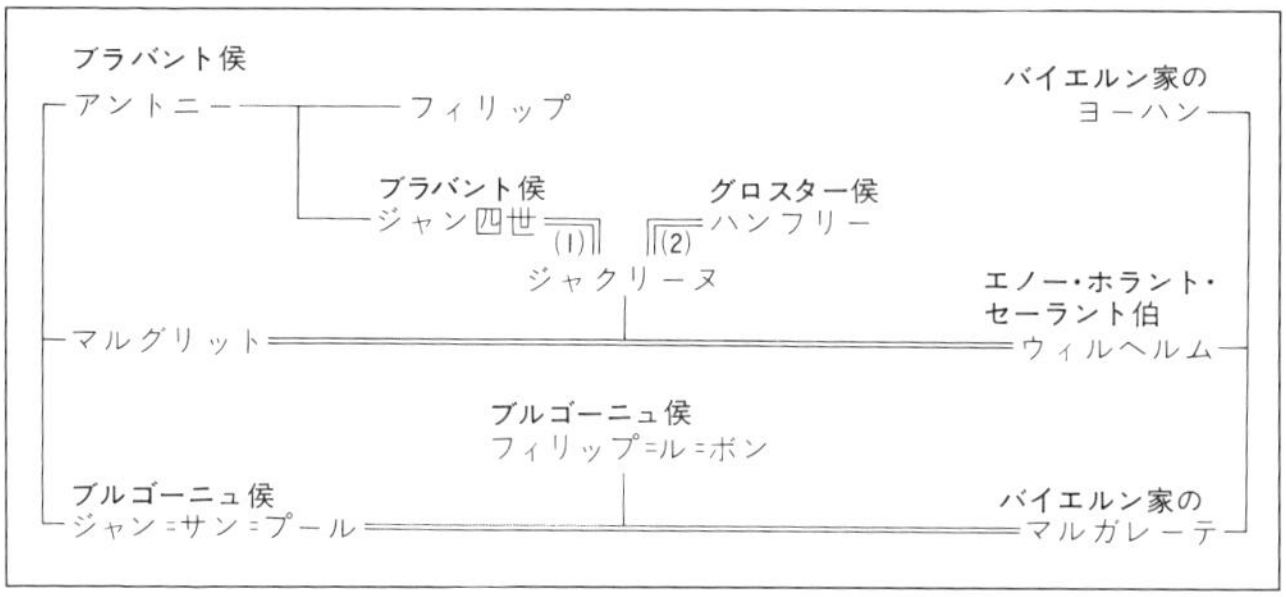

ネーデルラント継承戦争関係系図

ブルゴーニュ侯との提携の意志表示に、フィリップをかれの権利の相続人に指名した。このときから翌年初頭にかけて、事態はドラマティックな局面の展開をみせた。グロスター侯ハンフリーとその妻ジャクリーヌが、一〇月の中旬、軍勢を率いて海峡を渡り、カレーに上陸して、そのままエノーを軍事占領下においてしまったのである。エノーはジャクリーヌの前夫ブラバント侯の統制下にあった。フィリップは、ブラバント侯の名代としてエノーに兵を進める決意を固めた。その時点でまたもや事件が起きた。ブラバント侯からホラント、セーラントを預るヨーハン＝フォン＝バイエルンが、二五年一月初頭、死んだのである。ヨーハンの権利の相続人フィリップは、エノーへの関心をさらにひろげて、いっきょにエノー、ホラント、セーラント三伯領の取得を狙うにいたる。ネーデルラント継承戦争の発端である。

　ヨーハン＝フォン＝バイエルンが死んだとき、フィリップはディジョンに滞在中であった。最初の妻、シャルル六世女ミッシェル＝ド＝フランスを二二年七月に失ったフィリップは、二四年一一月、ボンヌ＝ダルトワを二度目の妻にめとった。その婚姻の儀式のためである。ボンヌ＝ダルトワはフィリップの叔父にあたるヌヴェール伯フィリップの妻であったが、ヌヴェール伯がアザンクールの戦いに倒れたのち寡婦《かふ》となっていた。つまり叔母にあたる。当時の詩人はかの女の優雅な美を称えている。だが、それが叔母をめとった甥の動機ではなかった。ヌヴェール伯領（ニヴェルネ）は王太子の勢力圏に接し、ブルゴーニュ侯領の前衛地帯に位置する。これを手中に確保し、王太子の攻勢の前にブルゴーニュ侯領を防衛すること、これが狙いであった。ボンヌ＝ダルトワは一年足らずで世を去ったが、しかしフィリップのニヴェルネ統制はその後もゆるがなかったのである。

　この事件が表現的に示しているように、ネーデルラント戦略完遂のために、南の領国の安全を確保すること、これがこの時期のフィリップの最大の関心事であった。フランスの政情に関し、ベドフォード侯との同盟によりかかることはもはやできない。ベドフォード侯は、二三年にフィリップの妹アンヌをめとっていたが、この姻戚関係もフィリップのベドフォード侯に対する疑惑、けっきょくはグロスター侯の行動に支援を与えるのではないかという疑いを消し去ることはできない。ブルゴーニュ侯権のナショナリズムは、北方領国の拡大という方向をめざし、同時にまた、あるいは、そのためにこそというべきか、ブルゴーニュ本領の防衛という行動にあらわれた。いかにして王太子の動きを封じ、ベドフォード侯を北フランスに釘づけにするか。フィリップの政治的センスはこのとき最高度に発揮され、ブールジュの政権そのものをブルゴーニュ与党にしてしまおうという策動が展開されたのであった。

❖アルマニャック派の粛正

一四二四年八月、ブールジュ政府は、スコットランド勢およびロンバルド（北イタリア）勢の傭兵隊一万四〇〇〇を主力とする軍勢をもって、シャルトルの北西ヴェルヌイユ＝シュール＝アーヴルにおいて、ベドフォード侯自身の指揮するイギリス勢一万と対決し、敗北した。これまでの北フランスにおける王太子勢の動きの、いわば総決算として企図された作戦であっただけに、ブールジュ政府の受けたショックは大きかった。しかし、ベドフォード侯は、せっかくのこの機会を最大限に利用しようとはしなかった。できなかったのである。ロワール河畔に進攻しようにも、かれには資力が足りなかったのである。

このヴェルヌイユの敗戦を機に、すでに二三年初頭のブール＝ゲン＝ブレス会談に始まる法王マルティヌス五世、バール枢機卿、とりわけサヴォワ侯アマデウス八世（フィリップの義理の叔父にあたる）を仲介者とする王太子＝フィリップの和議交渉が一段と促進された。この段階では、王太子の義兄にあたるブルターニュ侯ジャン五世とその弟のリッシュモン伯アルテュール、「シチリア王妃」ヨランド＝ダラゴンが和議のとりもち役として登場してくる。ヨランドはアラゴン王女で、シチリア王の称号を持つアンジュー侯ルイ二世（シャルル六世のいとこにあた

王太子シャルル
19世紀の画家が描いた肖像（部分）

る）の妻であり、その第二子が前出のルネ＝ダンジューである。そして、ただひとりの娘マリーが王太子の妻になっている。つまりヨランドは、むこの王太子のために大いにはたらいたのであって、当時党派感情ぬきに発想したのはこの女性ぐらいなものだと批評されている。こういったメンバーの動きは、二四年九月、シャンベリーの協定に結実した。この協定は、ブルゴーニュ侯フィリップのフランスにおける軍事行動の停止とパリ対ブールジュの抗争における中立の意志表明、王太子の側からはブルゴーニュ侯の所領不可侵の声明を内容としている。注目すべきことは、この協定において、フィリップは王太子を「王」と呼ぶことを許容しているという事実である。

それだけではなかった。おそらくヨランド＝ダラゴンの進言があってのことと思われるが、王太子は、いわばこの協定遵守の意志表示としてかのように、リッシュモン伯を招き、かれに「王軍総司令官（コネタブル）」の称号を与えたのである。そして、実にこのリッシュモン伯こそ、この後ブールジュ政府内部におけるブルゴーニュ与党としての役割を果たしてゆくことになるのである。この時点で、グロスター侯がエノーに侵冠した。ブルゴーニュ侯はリッシュモン伯に全幅の信頼をおき、北方経営のために、安んじてフランスの政局から離れ得たのであった。

リッシュモン伯の背後には兄のブルターニュ侯、ブルゴーニュ与党のサヴォワ侯がいた。ブルターニュ侯の動向は、これまたブルゴーニュ侯のばあいと同様、実に複雑な軌跡を描いているが、ともかくこの時点ではベドフォード侯と手を切り、王太子支援の構えに立つにいたっていたのである。リッシュモンが「王軍総司令官」の称号を受けたのは、正確にいえば二五年三月だが、就任早早、この野心的な政略家は、ブールジュ宮廷内部に巣喰うアルマニャック分子の粛正に乗り出した。この年の七月には、ヨランド＝ダラゴンに輔佐《ほさ》された王太子は、このリッシュモン伯の方針に全面的な承認を与え、これまで王太子の側近にあった連中が、財務関係の要職をにぎるジャン＝ルーヴェをはじめ、次々と宮廷から遠ざけられた。ジャン＝ルーヴェはモントロー事件の首謀者と見られていた。同じくジャン＝サン＝プール謀殺に直接手を下したタヌギイ＝デュ＝シャテルも地方に移された。ある歴史家は、こうかんけつにまとめている。「リッシュモンが勝った。かれの背後にはブルゴーニュ侯がいた」。

❖実利的な対応

グロスター侯の不穏な行動がベドフォード侯の行動を束縛し、ブルターニュ＝サヴォワ＝アンジュー連合がブールジュ政府を封じ込めて、ブルゴーニュ侯にネーデルラントにおける行動の自由を保証する。この状況は、しかし、なお流動的である。ネーデルラントの情勢はブルゴーニュ侯に有利に展開し、グロスター侯はいちはやくロンドンに逃げかえった。ベドフォード侯の立場はそれだけ自由になり、ブルゴーニュ侯に対し圧力をかける。フィリップとしては、ブールジュ政府に対すると同様、パリの政権に対してもなんらかの措置をとらざるをえない。一四二七年にはいると、フィリップは、パリとブールジュの敵対関係に対する中立の立場を宣言するにいたる。いってみれば、これは揺れかえしである。状況の変化に敏感なブルターニュ侯も、この動きに同調し、ブールジュの政権を見捨てて、ふたたびベドフォードと同盟を結ぶ。この事態の展開が、そのままブールジュ政府内部にはねかえる。すなわち、リッシュモン伯の失権である。

とはいっても、これは必ずしもアルマニャック与党の復権を意味しはしない。新たにブールジュ政府の実権を掌握したジョルジュ＝ド＝ラ＝トレモイユは、代々王家家政の中枢に位置する家系に出る。父はシャルル六世の侍従職をつとめ、祖父は王家パン掛長のポストにあり、両者とも王旗預りの大任を果たしている。王家高級官僚の系譜である。かれは、かつて故王太子ルイの側近にあり、カボシュ暴動のさい、ブルゴーニュ侯ジャンに生命を救ってもらった恩義を感じている。かれには、ブルゴーニュ侯家に一〇年来奉職している兄弟がいる。故王太子ルイの側近にあったという一事がすべてを物語っているといえるであろう。ジョルジュ＝ド＝ラ＝トレモイユはマルムーゼの系譜に立ち、ブルゴーニュ＝アルマニャックの党派対立においてつねに第三の立場を志向しつづけた王家官僚層の、この時期におけるチャンピオンなのである。このセクトは、あるときにはオルレアン党派よりに、ある時期にはブルゴーニュ党派よりに立つ。王家による全体的統制という理念をかかげながらも、その現実対応はきわめてプラクティカルであり、この時代一般の精神構造をよく映している。

かくて二七年から二八年にかけて、ネーデルラントの情勢に関心をさく必要のなくなったパリのベドフォード侯の政権と、ブルゴーニュよりではあるが、その独自な路線をようやくにしてとりもどしたブールジュの王太子の政権とが相対峙するという形勢が見られたのである。両者ともに、これまでのいきさつをふまえて、それぞれブルゴーニュ侯の肩入れを期待する。そのブルゴーニュ侯が、二八年七月、ジャクリーヌとのデルフトの協定において、エノー、ホラント、セーラント三伯領の権利相続人という資格の確認を得たとき、事実上、ネーデルラント継承戦争は終わった。ベドフォード侯はジャクリーヌ支援の放棄を約束し、その代償としてフランス戦争（王太子との戦い）へのブルゴーニュ侯の肩入れを要求した。だが、フィリップは、ひきつづきネーデルラント統制に深い関心を示し、ベドフォード侯の要請にこたえようとしなかった。もちろん、ブールジュの政権を積極的に支援しようともしない。つまり、あくまで現状維持を望んだのである。ベドフォード侯がオルレアン攻囲を決意したのは、ひとつにはこのフィリップの中立をいわば保証としてのことであり、またひとつには、フランスの戦況を緊迫化させて、いやおうなしにブルゴーニュ侯をフランス戦争にひきずり込もうという肚があってのことであった。これに対し、ブールジュ側もまた、ブルゴーニュ侯に期待する理由が十二分にある。オルレアン攻防は、このような状況の下におかれていたのであった。

北征

❖シノン城の王太子

シノン。トゥールとアンジュのなかほどでロワールに合流するヴィエンヌ川のほとり。岩盤の丘の上の城の遺構と、丘の南斜面にへばりつく町並み。城は一二世紀以降プランタジネット王家が、ひきつづきフィリップ＝オーギュスト以来、カペー、ヴァロワの諸王が築き加え、築き直してきた。旅人の印象は、この時代と今と、それほど変わりはあるまい。せまい石だたみの道を歩けば、ジャンヌ＝ダルクの一行が馬からおりるときに足をかけた泉の縁石などというしろものに出くわす。五世紀の時のへだたりも、フランスの田舎の町にあっては、なにほどのこともない。

王太子はポワチエにパルルマンを、ブールジュに会計院をおいていた。だが、実のところ、王太子自身の居所はつねに定まらない。かれは、いってみれば「戦場の王」である。外交折衝、

シノン城遺跡

作戦展開の都合で、あちこち居を変える。アンジェ、ソーミュールはブルターニュ侯との談合の場である。シノン、ロシュ、ジアン、モンタルジスといったところにはしばしば作戦本部が設営される。セル、ヴィエルゾンなどベリー侯領の要所で顧問会議が開かれる。一四二八年九月一五日、王太子はシノンに三部会を召集した。九月初旬、ソールズベリ伯のイギリス勢はジャンヴィルを落としている。アルトネイ、パテー、ルーヴレ-サン-ドニ、マン-シュール-ロワール、ボージャンシイ、ジャルジョーが九月末までに落ちた。ソールズベリ伯はマン-シュール-ロワールに本営を移し、オルレアンを狙う。イギリス勢のボース平野とロワール中流域への全面攻勢に対処すべく、王太子はシノンの三部会に対し、戦費支弁を要請する。

オルレアン防衛のためにと書くと嘘になる。オルレアン防衛には微妙な問題がからんでいた。第一章にあらまし紹介したように、オルレアンはオルレアン侯領の首府である。フランス王といえども直接管理の権限は及ばない。オルレアン防衛は、オルレアン侯シャルルの庶出の弟、「オルレアンの私生児」とオルレアン代官ラウール＝ド＝ゴークールの統率下にある。この両者からの要請があってはじめて王太子は、フランス王の名において作戦に参加できるのである。この辺のはっきりしたクロノロジーは不明である。だが、一〇月末には、王太子の財務官から給与を受ける領主たちがオルレアンに入市している。シノンはロワール中流域の防衛作戦本部であり、ひとつの対象としてオルレアン戦線があった。けっきょくは、戦局の焦点としてのオルレアン防衛に、王太子の戦略は収斂《しゅうれん》してゆく。

第一章を参照ねがいたい。王太子は、二九年二月にはいって、はじめて王太子勢の自主的な作戦を展開した。ルーヴレ＝サン＝ドニにおけるイギリス補給隊との会戦である。これは失敗した。その後、王太子はブロワに軍勢を集結せしめた。オルレアン市政府はブルゴーニュ侯との折衝を開始した。この時点で、ジャンヌ＝ダルクがシノンに到着した。ジャンヌと王太子のあいだにあらかじめ交渉があったかどうか、これはけっきょく確定できない。だが、ジャンヌ＝ダルクの登場がこの状況下にあったこと、これは確かなところである。そして王太子がジャンヌを起用したこと、これも確かである。ジャンヌは勝手に動いたのではない。ジャンヌはシノンの作戦本部の統制下におかれた。

❖王太子とジャンヌの初顔合わせ

シノン到着を二月二三日と特定するならば、王太子はおそらく二五日にジャンヌを引見している。王座に廷臣をすわらせ、陪席の連中のあいだにまぎれ込んだ王太子をジャンヌは一目でさがし出したというはなしは、ジャン＝シャルチエの『シャルル七世年代記』がはじめて定式化した初会見の模様をさらにデフォルメしたものである。王太子は、かれにあいさつしたジャンヌに、わたしは王ではない、王はあそこにいると廷臣のひとりを指さしたが、ジャンヌは答えて、「いいえ、いいえ、気高い王太子さま、あなたです、ほかのだれでもありません」と、これがシャルチエのオリジナルである。実に心なごませるはなしではないか。ついでに紹介しておこう。ルーアンで、ジャンヌは、「声」の導きで王太子を見分けたと証言し、裁判官たちはこれに喰いついて、それがほんとうなら、「(王太子のいた）その場所に光があったのか。」ジャンヌは答えて、「先をどうぞ。」「(おまえのいう）王なるものの頭上に天使のどなたかを見たのか。」「ごめんなさい、先をどうぞ。」と、これまた心なごませる問答をくりかえしている。

王太子とジャンヌの初顔合わせに演出の匂いをかぐ歴史家もいる。シャルチエの創作はこの気配を十分伝えているではないか。ヴァロワ王家の血筋の正統性のデモンストレーションである。自分を世に知らしめると同時に、ジャンヌの正統性を世に示す。ジャンヌに「むすめ（ラ

ジャンヌを出迎える王太子　15世紀のつづれ織りの図柄

-ピュセル)」の名を与えたのも、実にこのときではないか。「ラ-ピュセル」という言葉のイメージもさることながら、名を与えるということ自体、これはジャンヌの立権を意味する……といったぐあい。

ブリュージュ駐在の一ヴェネチア人が克明に記録しているように、ジャンヌはこのとき、「王太子とさしで話したがった。」なにごとを話し合ったのか。この謎が古来多くの議論を呼んできた。ルーアンの裁判官はいとも直截《ちょくさい》に問いかけている。王太子がかの女の言に信をおいたそのわけは、と。かの女は答えて、王太子は、かれ自身、よきしるし（シーニュ）を保有していた、かの女の言を信ずる信じないの以前、すでに「しるし」を手に入れていた、と。ついで裁判官は質問を、剣のこと、旗のことに移している。「しるし」を物質的イメージにおいてとらえているのである。これは、「声」、「天使」を具象のイメージにおいてとらえようとする質問の特性と同じトーンを示す。このことは改めて次章に述べるが、ともかく、この「しるし」について王太子はジャンヌと話し合った。らしい。しかし、この「しるし」の内容はなんなのか。王太子の出生の正しさを証明してみせたのだとする俗説がある。王太子の母イザボー=ド=バヴィエールはとかく噂の立った女性だったから、シャルルは母を疑ってくよくよ思い悩んでいたのだというのである。「ブールジュの王」、あほうな王太子伝説の中核をなす学説である。これは史料的にも状況判断の上からもまったく支持されない。いまどきこんな「学説」をふりまわす人こそあほうである。

当時二六歳の王太子がジャネットの純な信心に心うたれたということは十分考えられる。感動に対しすなおな精神構造の時代であった。三十男のロベール=ド=ボードリクールのばあいも、この回心の体験を想定してすこしもおかしくはない。あえてクールな政治的判断の定位の上にのせて、ロベールを、王太子を、わたしは記述してきたが、にもかかわらず、というよりか、むしろだからこそ、この両人のジャンヌ体験が情感的衝動的宗教的体験であったという可能性をわたしは否定しないのである。クールな政治的判断と衝動的決断、合理的計算と激情の発作が同一人格のうちに、共時性において併存する状況を、わたしはこの時代の精神構造の特性として読んでいるのである。ブルゴーニュ侯フィリップのばあい、フランス王ルイ一一世(シャルルの息)のばあいがたとえばそうであった。「しるし」についてうるさくいう人に、わたしはジャンヌの言葉を借りていおう、「ごめんなさい、先をどうぞ。」

❖ポワチエからブロワへ

ジャンヌは、しばらくシノン城内にとめおかれたのち、ポワチエにおくられた。パリを失ったいま、ポワチエはパルルマンと大学の町である。ジャンヌはここで、ランス大司教ルニョー=ド=シャルトルを長とする、パリ大学教授、ドメニコ教団やカルメル会修道会所属の神学者たちの一団から審問を受けた。かたわら、ヨランド=ダラゴンがその身柄を預り、かの女の処女性をチェックしたとされている。審問は四月の上旬までかかったが、すでにそれ以前、三月二二日、ジャンヌはオルアン攻囲のイギリス勢にあてた手紙を口述している。当時の慣行にしたがう挑戦状である。ということは、すでにジャンヌの立場がオーソライズされたということではないか。

審問の結果は正しいキリスト教徒と出た。一旦シノンに立ち寄ってトゥールについたのが四月一二日。そこでジャンヌ護衛者が指定された。従騎士ジャン=ドーロンとふたりの小姓、ふたりの伝令使である。装備もここで支給された。王太子の戦争財務官エモン=ラギエが記録を残している、「甲冑師あて、ラ-ピュセルの甲冑一式分、一〇〇リーヴル-トゥールノワ」あるいは、「ジャン=ド=メスあて、ラ-ピュセルの路用分、二〇〇リーヴル-トゥールノワ」。そして、剣。これがまた問題で、ジャンヌ自身が、サント-カトリーヌ-ド-フィエルボワの教会堂の祭壇の裏に埋まっているから掘り出してきてくれと指定したしろもので、事実、それがあったという。こうして準備の整ったジャンヌがブロワについたのは、四月二二日ごろと推定されている。

ブロワには、王軍司令官ジャン=ド=ラ=ブロス（通称マレシャル-ド-ブーサック）、ジル=ド=レ、ラ=イールなどの率いる物資補給隊が待機していた。ジル=ド=レは、のち悪魔術の匂いのする幼児大量虐殺の罪で火刑に処せられる人物だが、この二九年の役では勇名をはせた領主であった。ラ=イール、本名エチエンヌ=ド=ヴィニョール、これはすでにオルレアン防衛に参加していた。パリの一住民は、「アルマニャックの隊長のなかで一番悪いやつ、タイラントであわれみの心を知らぬやつ。その悪性ゆえにラ=イールと呼ばれていた」と、あだなの由来をコメントしている。ラ-イールは「忿怒《ふんぬ》」を意味する古語である。盗賊団あがりの男らしい。だが、ジャンヌに忠実なこと、あとに出るアランソン侯ジャンにまさるともおとらない。一方、ジャンヌをブロワに護送したのは、ルニョー=ド=シャルトル。この人物についてはあとで話題になる。ラウール=ド=ゴークール。これは同名のオルレアン代官の父であり、当時王太子の家政の総元締め、王家大番頭のポストにあり、シノン守備隊長もかねていた。フランス人の歴史家もこの両者を混同することがよくある。この両人である。主だったメンバーはこんなところである。さて、ブロワをたった一行は、第一章に紹介したように、一四二九年四月二九日、オルレアンにはいった。

❖オルレアン解放

ジャンヌははやりにはやった。出迎えに出た私生児との対面の情景が暗示的である。ジャンヌは、敵勢の砦に近づかぬよう、遠まわりにジャンヌを誘導した私生児をとがめ、幕僚たちの指揮よりも「天の王」の指導に信をおけといましめている。荷を積み込んだ船が、風向きの関係でオルレアンに近づけないでいた。突然、風向きが変わって船はいっせいに帆を張ったと、「復権訴訟」での私生児の証言は、ジャンヌの奇蹟を称揚するかのようである。だが、ともかくもジャンヌは、オルレアンの防衛指揮官私生児の指揮に忠実であった。五月の二日と三日、私生児はブロワにおもむき、物資の第二次輸送と新手の増援兵力の誘導にあたった。この間、ジャンヌは、他の隊長たちとともに教会でのミサ、市中の行列に参加している。軍事行動はおこしていない。四日、事態が動き出した。以下、イギリス勢の引き揚げにいたるまでの過程を、かんけつにまとめてみよう。

四日朝、ブロワから増援隊が到着。ジャンヌを含め、ラ゠イールほか、これを出迎えに出る。午後、ジャンヌ休息中にサン゠ルー砦攻撃開始。ジャンヌ、途中から参加。砦は破壊された。

オルレアンの攻防

五日はキリスト昇天の大祝日。戦闘停止。ジャンヌもまじえて作戦会議。「レ-トゥーレル」攻略が決定された。六日、左岸への渡河点を確保するため、ジャンヌ、ラ=イールを含む一隊がサン-ジャン-ル-ブランの砦（というよりは「陣地」）に出撃。敵勢はすでに引き揚げていた。そこで市内へ撤退中、サン-オーギュスタン砦のイギリス勢が、ジャンヌ、ラ=イールを含む殿軍《しんがり》に攻撃をかけた。ジャンヌ、ラ=イールの一隊は、ただちにサン-オーギュスタン砦襲撃に転じた。本隊もこれに同調し、サン-オーギュスタン砦を奪取した。サン-オーギュスタン砦というのは、第一章の図版をごらんねがいたい、「レ-トゥーレル」前面の区画にイギリス勢が構築した構築物を指している。つまりオルレアン勢は、この一角のイギリス勢を「レ-トゥーレル」に追い込み、これをブロックしたのである。

　この夜のさわぎは見ものであった。「レ-トゥーレル」前面に宿営した軍勢に食糧を運ぶ市民たちの往来。勘定書はこのさわぎを数字で記録している、「ペラン＝バラタンあて、トゥーレルに運ぶべく上記記載分以外のパン屋から購入した大型パン二一九ダース分」といったぐあいである。

翌朝早々、攻撃が開始され、戦闘は終日続いた。「レ-トゥーレル」は橋の上だ。橋桁を焼き落とせ！　ふたたび勘定書を見てみよう、「トゥーレルの橋の下で焼かれた艀《はしけ》に積み込まれた重さ四・五リーヴルの板二枚分……トゥーレル砦に火を放つために束柴《たばねしば》に注ぎ、布地にしみ込ませるのに使った油、一五リーヴル分……」ジャンヌは肩の下に矢を受けて倒れたが、これはさいわい大事にいたらなかった。右岸、オルレアン市内の方からも攻撃を受け、橋の上で応戦した砦の隊長ウィリアム＝グラスデールの一隊は、崩れ落ちた橋の下になって、ほとんどが溺れ死んだ。『籠城日記』の筆者は、神妙にこう記している、「かれらの足もとで橋が崩れた。これはイギリス勢にとっての大いなるおどろき、フランス勢にとっての大いなる損失であった、捕虜にすれば身代金でひとかせぎできたのだから。」ジャンヌは、グラスデールをはじめ戦いに死んだものたちの魂を想って泣いたと、「復権訴訟」でのある証人は証言している。『籠城日記』の筆者の思考も、あわれみにつきうごかされて敵のために泣くジャンヌを記憶のかたすみにとどめたこの証人の心理も、わたしたちはすなおに受けいれるべきであろう。かくして「レ-トゥーレル」は落ち、オルレアンを対岸につなぐ橋がオルレアンの人々の手にもどった。

翌日、五月八日日曜日のあさまだき、昨夜来なりをひそめていた各砦のイギリス勢が、いっせいに砦の外に出て兵揃いを始めた。オルレアンの守備隊も城壁の外に陣型を作る。負傷したジャンヌも、ジャスラン、軽い鎧帷子《よろいかたびら》をつけ、旗を手にしてイギリス勢の動きを見守る。日曜日、主の安息日である。ジャンヌは戦いを欲しない。一時間ほどの時が流れた。突如、さざなみのごとき動きが敵陣を走り、イギリス勢はいっせいにオルレアンに背を向け、マン＝シュール＝ロワールの方角へと動きはじめた。撤退である。オルレアンは解放された。シノンの王太子は、翌九日の午後から真夜中にかけ、数次にわたって書簡を口述し、オルレアンの勝利を弘布した。

❖ランスへ

オルレアン解放に果たしたジャンヌの役割はなんであったか。ジャンヌが作戦立案の主役であったとはいえない。「レ＝トゥーレル」奪取は、いってみればジャンヌの作戦指令逸脱の産物であったきらいがある。サン＝オーギュスタン砦奪取ののち、一旦市内に引き揚げ、籠城の態勢をさらに固めるべきだとの考えが主流を占めたらしい。むしろこの方が当時の戦争作法になじんでいる。ジャンヌやラ＝イールがこの慣行の作法を無視した。ここにジャンヌという存在のひとつの表現が認められる。常識的な判断を乗り越えてゆく、この勇敢な女性によって「オルレアン」という人間集団に一定のリズムが作り出された。ナイーヴな神信心とヴァロワ王家に対する迷いのない忠誠を音源とするこのリズムが、オルレアンの勝利という共鳴箱の効果を伴って、さらにいっそう増幅されてゆく。王太子自身、しばらくはこのリズムに身をまかせ、あるいはこれをみずから増幅しさえする。オルレアン以後、ノルマンディー進攻というより効果的な戦略がありながら、これをすてて、あえてロワール中流域のイギリス勢掃討、そして北上してランスへという戦略をとったのは、その背後にブルゴーニュ侯との関係への配慮をかくしながら、表面的には、ランスでの戴冠というジャンヌの予言の実現にジャンヌのひき出したリズムの最高の高まりを予期してのことであったと考えられる。

ロワール中流域の掃敵作戦はアランソン侯ジャン二世、すでにシノンでジャネットの魅力のとりことなった当時二六歳の若者を総指揮官として遂行された。ジャルジョー、マン＝シュール＝ロワール、ボージャンシイと落としたところで、六月一八日、オルレアン北西二〇キロほどのパテー村の近くで、イギリス本軍との決戦となった。パテーの戦いである。ベドフォード侯がパリから送ったジョン＝フォルスタッフの軍勢が、ジャンヴィルで陣容を立て直していたタルボット指揮下のオルレアン攻囲勢の残党と合体し、ボージャンシイ救援に向かった。ところが救援まに合わず、パリへ引き揚げる途中、パテーの丘の高みから追尾する王太子勢を発見した。そこで陣を築こうとしたが、まに合わず、ラ＝イール、ポトンなど、小領主身分の指揮官たちの率いるアランソン勢の前衛隊にけちらされたというのが全体の展望である。ジャンヌ

パテーの戦い

は、後詰《ごづ》めの本隊にあって活躍しなかったが、前衛隊の臨機応変の戦闘展開は、これはまさしくジャンヌのやり方になじむものであったのではなかったか。シュリー城にあった王太子は、翌一九日、この勝利を弘布した。

ランスへの道が開かれた。アランソン侯の使命は終わり、このたびはジャンヌも含めてシュリーで開かれた顧問会議は、ふたたびノルマンディー進攻の戦略をしりぞけて、ランスへの北東の道をえらんだ。六月二五日、王太子はジアンに軍勢を集結せしめ、慣例にのっとり、ランス大聖堂での戴冠の儀式への招待状を聖俗の諸侯、都市にあてて発した。たとえばトゥールネあて書簡は「ラ＝ピュセル」

の名において書かれていて、戴冠をジャンヌの事業として弘布しようとする配慮がよくうかがえる。六月二九日にジアンをたった王太子軍は、オーセール、トロワ、シャロンを経由して、七月一六日、ランスに入城した。たとえばオーセールは、トロワ、シャロン、ランスの三市が同調するならばと留保条件をつけて王太子への恭順《きょうじゅん》を誓った。これが標準の構え方であって、シャンパーニュのブルゴーニュ派都市は、王太子とブルゴーニュ侯との関係のあいまいさに、むしろ当惑していたのである。いったいブルゴーニュ侯はどうしろというのか。それにしてもベドフォード侯はなにをしているのか。パリのベドフォード侯は、ヴァンセンヌ城にこもり、イギリス本国からの増援を待っていた。ウィンチェスター枢機卿の率いる騎士と弓兵三五〇〇（これはもともとボヘミアのフス派反乱に対処するために法王の財政負担で徴募《ちょうぼ》された兵力である）がカレーに上陸したのが七月はじめ。一五日にパリへ出発した。これではまに合わない。ベドフォード侯は無力だったのである。矢の催促にあって、フィリップ＝ル＝ボンがエダンをたってパリについたのが七月一〇日。同盟者ブルゴーニュ侯を動かそうにも、その当の相手にはその気がまったくなかったのだ。

七月一七日、王太子はランス大聖堂においてランス大司教ルニョー＝ド＝シャルトルの手から国王塗油の秘蹟を受けた。儀式が完了し、デ＝ファクト（事実上）の王がデ＝ユーレ（法定）の王となった。なぜデ＝ファクトというかといえば、ヴァロワ家の王太子だから当たり前だという意味ではない。すでにブルゴーニュ侯フィリップが、事実上、しかも前述のように呼称においても、王太子シャルルを正統の王位継承者と認めているという事実からである。なぜブルゴーニュ侯の意向がそれほど重要か。わたしはまさしくそのことについて書いてきたつもりである。王太子あるいはその顧問官たちがまさしくそう考えていた。そうわたしは判断するのである。ブルゴーニュ侯フィリップの立場は、ランス戴冠の前後、なんの変わりもない。かれはいぜん王太子との接触を保っている。北征開始以来、ド＝ラ＝トレモイユはコンスタントにフィリップと交渉を持ち、この交渉の詰めが、戴冠式の当日、ランスに到着した、ダヴィッド＝ド＝ブリムーの率いるブルゴーニュ使節団とシャルルの顧問官たちとのあいだに、三日間にわたって続けられた談合である。けっきょくこの談合の成果は、八月二八日、コンピエーニュで結ばれた休戦協定にあらわれる。南の両ブルゴーニュに関してはすでに休戦が成立していた。いま、北の勢力圏についても、ブルゴーニュ侯はフランス王と協定を結んだ。これは確かにブルゴーニュ－ナショナリズムの表現である。だが同時に、それがフランス王権の大いなる得点であるとシャルル七世は考えた。なぜそう考えたか。それがけしからんと、一部の歴史家は声をはりあげる。かれらは歴史に教訓を押しつけようとしている。

❖王のパレード

「ランスからパリまで一五〇キロをゆくのに三六日間かけた」と、ある歴史家は目をつりあげている。三六日、いやそれ以上を（けっきょくシャルル七世がパリに入城したのは、一四三五年、アラスでブルゴーニュ侯と全面的和議を結んだ翌三六年のことなのだ）シャルル七世はかけた。七月二〇日ランスをたって、コルベイユ、ランを経てソワソンへ。ソワソンからレスの森を右手に見てシャトー＝ティエリーへ。ここでマルヌ川を渡ってプロヴァンまで下る。北転してナンジスをまわり、ふたたびシャトー＝ティエリーへ。今度はレスの森の西端をぬけてコンピエーニュにはいったのが八月一八日。いわゆる「セーヌとオワーズのあいだ」の道行である。ナンジスのあたりでベドフォード侯の軍勢とすれちがった。シャルルは北上し、ベドフォードはモントローまで、シャルルの軍勢を追い求めた。モントローで「不法にも王を称するシャルル＝ド＝ヴァロワ」に対し、慣例の決闘状を発し、「正しい権利と適法の立場」の裁定を神に求めようと呼びかけたベドフォードは、パリにもどって、ブルゴーニュ侯の提供したピカルディー勢七〇〇を加え、さらに敵勢を追尾する。サンリス近くのモンテピロワ村で、八月一五日、両軍相対峙した。シャルルの側は七〇〇〇、ベドフォード側は四〇〇〇という数字がある。ヴェルヌイユの再現か？　ところがなにも起こらなかった。フランス勢がこれまでのような無謀な

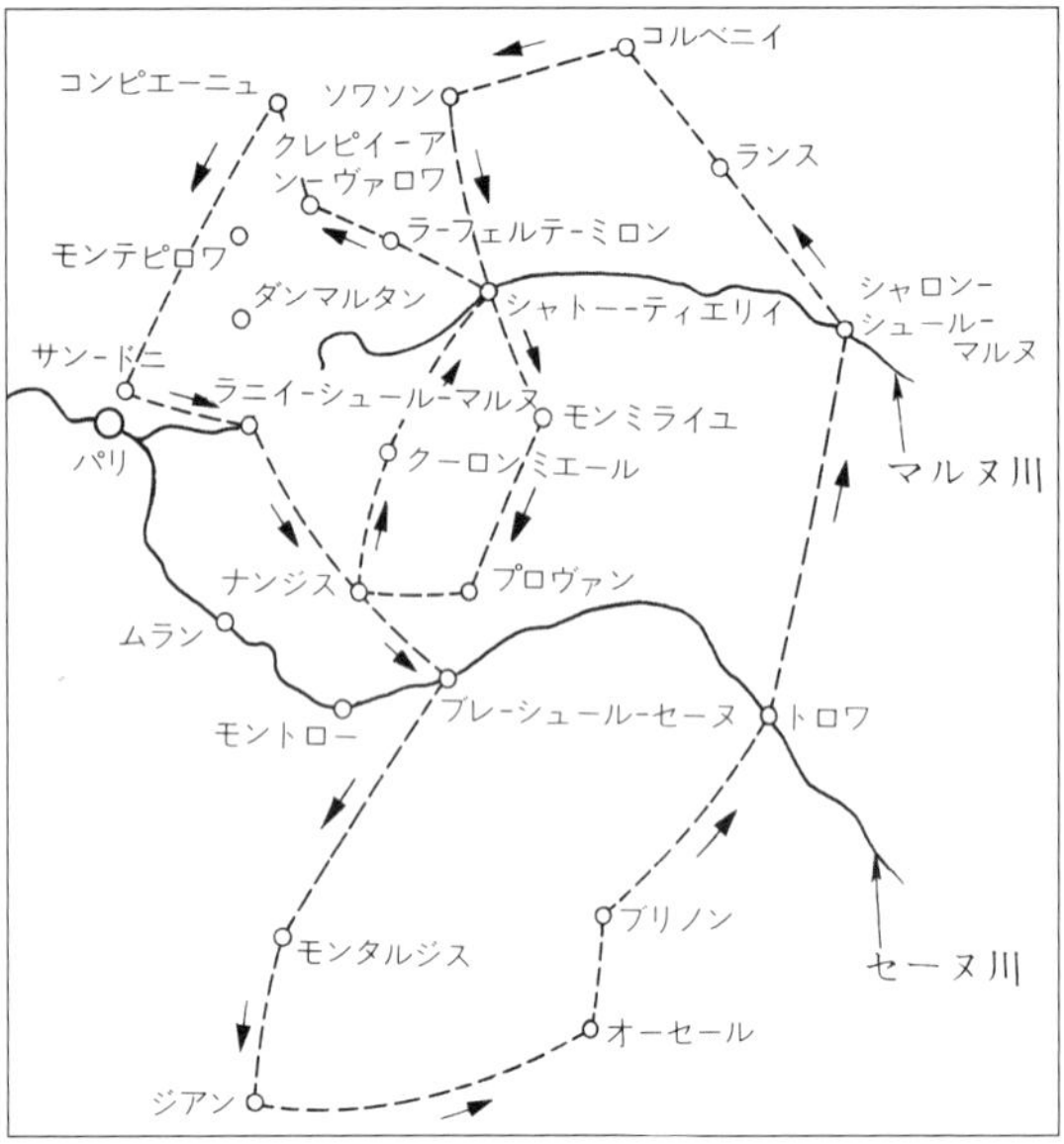

北征の行程

突撃をしかけなかったせいだろうか。イギリス勢は、例によって弓兵を配置し、待ち構えていた。

「甲冑をぬいだときのかの女は、騎士のみなりに身を整え、足には剛《はがね》の靴、胴衣にキュートな短衣、頭に帽子、毛皮の縁取り、金色絹地の気品に富んだ上衣をはおって……」、ゆったりと馬を進めるジャンヌ。この道行は、ひとつには確かにパレードであった。「ラ・ピュセル」に仮託した天の運、正統の王権の誇示である。王太子の顧問官たちの外交術策に裏打ちされていたとしても、北フランスの住民たちへのジャンヌの展示は、それ自体としての効果を持つ。様式と陳列を好む時代ではなかったろうか。ここにジャンヌという存在のもうひとつの意味を読みたい。道行のもうひとつの狙いは、過去のアルマニャック勢のイメージを訂正することにあった。王は神の正義と地の平和をもたらす。アルマニャック党派の暴力ではない。王軍による平和の強制である。この大義の上に立って、王は諸都市を巡行する。そういうポーズをとって見せる必要があった。けっきょくはひろく外交術策の問題である。だが、だからといって、ジャンヌのもたらしたモラルの粛正、そのこと自体の持つ意味はなんら損われはしない。大胆にいおう、おそらく、王太子がジャンヌを利用したという定言が認められるとするならば、その最大の効果の発揮された機会が、この道行であった。王太子には、ゆっくり周遊する理由が十分にあったのである。

　だが、一旦作られたイメージは、なまなかなことでは崩れはしない。ソワソンの市民の抵抗に、王太子はそれを敏感に感じとった。あるいはランスをたった時点ではパリの回復を考えたのではなかったか、そうある歴史家は推測している。その計画はソワソン以後、放棄された、と。それほど厳密なクロノロジーを作りうるとは思わないし、第一、パリの回復を無造作に日程に組み込むほど、それほど鈍感な王太子、あるいはその顧問官たちではなかったとわたしは考える。パリはアルマニャックを憎んでいる。『パリ一市民の日記』の筆者の眼には、王太子勢もいぜん「アルマニャック勢」と呼ばれる一党派の軍勢にすぎず、ジャンヌはかれらがいっしょに連れ歩いている「ひとがむすめと呼んでいる、それが何者だかは神のみぞ知るだが、女のかたちをした一生物」にすぎなかったのである。

❖王軍、パリに接近

本来ならばパリはブルゴーニュ侯に対して大いに腹を立てるべきであった。八月二一日、コンピエーニュに到着したブルゴーニュ使節団は、シャルル七世の顧問官団との協議の末、モントローの謀殺に対する王太子の全面的な謝罪と償いの約束を骨子とする協定文を作製し、二八日、相互に署名した。これは一四三五年のアラスの和の予備条約という性格を持っている。現実の効果としては、前述のように、セーヌ川以北のブルゴーニュ侯権のおよぶ都市についての休戦が約されたのである。ただし、パリはこの協定の適用から除外された。ただし、というよりも、もちろんというべきであろう。一部の歴史家は、これもまたド=ラ=トレモイユ一味の策謀だ。狙いは、パリ攻撃をけしかけて、あわよくばジャンヌを戦死させることにあったといいはっているが、どうも困ったものである。わけはかんたんである。パリはベドフォード侯の管理下にあり（厳密にいうとその代官、フランス大法官ルイ=ド=リュクサンブールの管轄下）、ブルゴーニュ侯の権限のおよぶところではなかったからである。歴史家リチャード=ヴォーンは、この時期にフィリップ=ル=ボンがフランスの内政に関して中立の立場をとりたがっていた、その最良の証左を、パリをベドフォード侯の手にゆだねていたという事実に見ている。ブルゴーニュ侯は、フランスの王都パリに関心を持たなかった。パリはブルゴーニュ侯に賭けたというのに。『パリ一市民の日記』の各所に読みとれるブルゴーニュ侯への恋慕にも似た親愛の感情と、その感情の屈折した表現であるうらみつらみの言葉とが、パリの人々の心理の標準値を示している。

アランソン侯の率いる王軍は、八月二六日、サン＝ドニに布陣した。サン＝ドニの町の住民は、アルマニャック勢ふたたび襲来の情報にパニックを起こし、町を組織的に破壊して、パリ市内に逃げ込んでいた。パリが一枚岩であったといってはいいすぎになる。この春から夏にかけて、パリは煮えたぎっていた。大衆説教師リシャールの王党派デマゴギーが民衆の心理の振子を一方に寄せ、その党派性があばかれるや、振子は極端にアルマニャック憎悪にかたよる。「むすめ」の予言の噂についての口論が辻々に人だかりを作る。ベドフォードとその与党の市政府役人は、強力な思想統制をしいた。教会や大学の聖職者に対し、何度忠誠の確認が強要されたことか。シャルル五世の代にひろげられたパリの市壁が補強され、市民軍の組織がてこ入れされた。パリは要塞と化し、アルマニャック勢の、しかもいままでになく強大な（パリの一市民は「一万二〇〇〇」と情報が流れたことを記録している）アルマニャック勢の襲来に備える。

「アルマニャック」の方も、パリとのあいだには、はじめから協議の可能性を考えてはいない。周辺の村や畑を荒らし、教会の財産にまで手をつける。実をいうと、シャルル七世の「道行」には、もうひとつの局面があったのではないか。町から町へと援助を求めてまわる。一見優雅な巡行は、裏返せば食糧調達の旅であったのだ。そして、ここフランスの心臓部では奪うほかない。王軍は掠奪者の群れと化したのである。『パリ一市民の日記』の一節が、この実相をついている。パリ襲撃に失敗して敗走する兵士たちが、口ぐちにジャンヌを呪ったという報告である。「まちがいなく、この襲撃によってパリの町を力ずくで占領することになろう。そして、この夜、かの女はこの町に泊まることになろうし、かれらもまた同様である。そして、かれらは全員、この町の財宝で富みゆたかになろう、そうかれらに約束したむすめを、大いに呪った。」

❖ロワールへ帰る

ジャンヌはなにか苛立っていたようである。軍勢についてまわっていた娼婦にあたりちらし、はずみで剣、サント-カトリーヌ-ド-フィエルボワの剣を折ってしまったのは、このサン-ドニ宿営の折ではなかったかと推測されている。ジャンヌは、パリ回復の「予言」はしていなかった。ロワール河畔で、若者の騎士相手に、「じきにパリでお酒がのめるようにしてあげましょう」と語ったという証言があるが、これは予言というほどのことではない。パリは「フランス」の中心、正統の王の君臨する場であるとの発想はあったであろう。パリ入城はジャンヌの夢であった。ランスがシャルルを迎え入れたように、パリもまたかれを受けいれれば、それで

パリ攻め

サン-トノレ門の壕割の土手の上に立って指揮をとるジャンヌ

問題はない。受けいれないばあいには……シャルルは協定のチャンスをゆっくりさがそうとし、ジャンヌは、そしてかの女を囲む若手の将官たちは、武力による攻略を考える。ジャンヌは、シャルルの周辺から疎外されかけているのを敏感に感じとっていたのであろうか。

ともかくも、九月七日、シャルルはサン-ドニに着陣し、翌日、聖母誕生の日、私生児、ラ=イール、アランソン侯に後見されたジャンヌ等々の率いる軍勢が、当時のパリの西の門、サン-トノレ門（現在のテアトル-フランセ広場の一隅にあたる）に攻撃をかけた。ふたたび一市民の文章を引用しよう、「ここにかれらのむすめは、壕割《ほりわり》の土手の上にあって、その旗を守り、パリの人々に呼びかけた。イエスにかけて、ただちにわれらに降伏せよ。夜にいたるまでに降伏せざるときは、われらは、なんじらの意向にかまわず、やむなく力をもって城内にはいり、なんじらは容赦なく死へと追われることになろう。

なにを！　とあるものはいった、この助平女め、淫売め！その男の放つ弩《おおゆみ》の矢は、まっすぐにかの女に向かい、かの女の脚をつらぬきとおしたので、かの女は逃れ去る。もう一筋の矢は、かの女の旗を持っていたものの足をつらぬきとおす。そのものは、傷ついたと知るや、その瞼甲《けんこう》をあげて、足にささった旋転矢《せんてんや》をひきぬこうとする。そのとき、さらに一筋の矢がかれにいたり、両眼のあいだをつらぬき、顔を血に染める。かれを傷つけ、死に追いやる。」

攻城側は夜の一〇時ごろまでがんばったが、市民の支援を受けた城壁の守備は固く、ついにアランソン侯は撤退を命じた。パリは王軍をはねかえした。シャルル七世は、あっさり兵を返した。九月一三日、王はかってに、八月二八日の協定にパリもまた対象として含まれると布告を発し、そのまま、ロワールのほとりへ帰った。

Ⅳ

ルーアンのジャンヌ

コンピエーニュの悲歌

❖冬のロワール

北征の軍勢は、九月二〇日すぎ、ジアンで解散した。シャルル七世はマン-シュール-イエーヴルの城にはいり、ジャンヌはブールジュにとどまった。マン-シュール-イエーヴル、すなわちイエーヴル川沿いのマンは、ブールジュの北西一〇キロほどに位置し、現在ではベリー運河沿いの陶器作りの町といったほうがわかりが早い。この城は、シャルル七世の大叔父にあたるベリー侯ジャン、というよりも、これまたいいかえれば、「ベリー侯のいとも豪華なる時禱書《じとうしょ》」を飾る一二枚の暦絵で名高いベリー侯ジャンの居城であった。この暦絵の製作者であるランブール兄弟や年代記家フロワサールなど、当時の文人墨《ぼっ》客《かく》の遊んだ城である。ベリー侯はこれを甥のシャルル六世に遺贈した。シャルル七世はこの城を愛し、この城で死んだ。その息ルイも、若年時をこの城ですごしている。

ところで、こうしてロワールのほとりに帰ったジャンヌは、翌年の春ふたたび北フランスに現れて、五月下旬、コンピエーニュで捕われることになるのだが、この間のかの女の動向については、従来、多数の研究者の必死の探索もむなしく、不明な点があまりにも多い。この冬のロワールの河縁に、宮廷での陰謀、権力争いといった道具立てが見えると主張する手合いは、いぜんその跡を絶たないが、しかし、いずれそれも臆測にすぎない。ジャンヌはベリー地方の冬景色のうちに沈んでいる。時折うかびあがる映像になにを読むか。ここに歴史家はその質を問われる。

ラ-シャリテ-シュール-ロワール位置図

ジアンで王と別れたのち、ジャンヌは、「ベリー侯領における王の代官」ドゥルー伯、通称アルブレの領主の差配下におかれ、王家財務に要職を占めるブールジュ市民レニイ＝ド＝ブーリニイに身柄を預けられ、三週間、同家に滞在した。

一〇月の末か一一月のはじめ、ジャンヌは、ラ-シャリテ-シュール-ロワール攻めの軍勢に参加してブールジュをたった。ブールジュの東五〇キロ、ヌヴェールの北二五キロに位置するロワール沿いの町ラ=シャリテは、ロワール川沿いにリヨンからラングドックへの道の要所を占め、同時に、ベリー地方からブルゴーニュ地方にはいる東の関門に当たり、ブルゴーニュ侯国のロワール川防衛線の要である。一匹狼の傭兵隊長ペリネ=グレッサールが、ここを預かっていた。ブールジュの政権にとっては、ここはいわばベリー、オーヴェルニュ地方に向かって突き出た剣先であって、北征直前にも、ここの攻略は試みられたところであった。いま、北フランスについてブルゴーニュ侯と休戦を約したシャルル七世が、ふたたびここを狙ったのは、これはたんなるひまつぶしなんかではなかったのである。オーヴェルニュの首都クレルモン（クレルモン=フェラン）と、その北の町リオムあて、作戦総司令官「アルブレの領主」とジャンヌの名による援助要請の文書、ブールジュやオルレアン市政府の提供した援助物資のリストなどが残っている。ベリー、オーヴェルニュ、ロワール中上流域諸地方の防衛のための作戦という性格づけがここに読みとれる。

ラ=シャリテの南のサン=ピエール=ル=ムーチエール、ここはパリ政府と契約を結んだアラゴン人の傭兵隊長が守っていたが、ここを落としたまではよかったのだが、しかし、ラ=シャリテ攻囲そのものは、けっきょく中途半端に終わった。記録は皆無に近く、攻囲がいつ始まったものやら、それすらも定かではないのだが、一一月二四日付ブールジュ市政府あての王の書簡が、「ラ=シャリテ前面の陣にあるアルブレ領主とジャンヌ=ラ=ピュセルのために」一三〇〇エキューという多額の援助金の支出を大至急求めているという事実から、攻略に手こずったらしいことは察せられる。けっきょく、このまま冬越しの陣を維持することを嫌い、ほどなく攻囲陣は解かれたものと思われる。一二月下旬には、ジャンヌはジャルジョーにいた。

ルーアンの法廷は、三月三日、第六日目の公開審理において、ラ゠シャリテ攻めの件にふれている。「〈声〉のすすめがあったのかと問われた。かの女の答えていうには、かの女自身はフランスへ行きたかった。けれど、軍の人たちが、ラ゠シャリテの町の前面におもむくことが先決だといったのです、と。」

この日のジャンヌと裁判官たちとのやりとりのなかで、ここのところに先だって、「サンドニ・アン・フランス」という発言が聞かれた。洗礼の代母をつとめたことがよくあったかという裁判官の問いかけに、トロワでのことは覚えているが、ランスやシャトー゠ティエリーのことは忘れた。サンドニ・アン・フランスで二人の赤児の代母をつとめたとジャンヌは答えている。前三者はシャンパーニュである。それがパリの北のサンドニはシャンパーニュではない。フランスという土地の町だと、ジャンヌははっきりさせたかったのかもしれない。あるいはそれを記録したマンションの、これはメモ書きだったのかもしれない。フランスという土地は、セーヌ川とオワーズ川のあいだと、よくいいまわされていた。その土地を武力によって王太子の統制下に収めたいとジャンヌは望んでいた。

このジャンヌの好戦的意志は、この証言の直前、予言女カトリーヌ＝ド＝ラ＝ロシェルとの会見について証言している個所に、より露骨な言葉づかいで表明されている。ジャンヌが、大衆説教師リシャールのあっせんを受けいれて、ラ＝ロシェルのカトリーヌなる予言女と会ったのは、おそらくラ＝シャリテ攻囲の直前のことであったと思われる。ジャンヌは、けっきょくカトリーヌを信用せず、夫のところへ帰って家の仕事をしろとつき放しているのだが、問題なのは、ジャンヌの証言中、次の一節である。「同女ジャンヌは、ブルゴーニュ侯のもとへ和平を講じにおもむくことを望んでいたカトリーヌに対し、槍の穂先によらなければ、和平の見出されることはなかろうと思われるといった。」だが、ともかくも、ジャンヌは、「軍の人たち」の指導にしたがう。ブールジュ政権とジャンヌ＝ダルクの関係の基本の型がここに認められる。

❖三通の書簡

一四三〇年一月一九日、オルレアン市政府は、ジャンヌを迎えて食事を提供した。「去勢雞六羽、しゃこ九羽、やまばと一三羽、きじ一羽」、「ぶどう酒五二パント」と記録に読める。

二月、トゥール市政府は、トゥールの画家ウーヴ＝プールノワールに対し、その娘の結婚の祝いに、「小麦一セチエ分のパンと、ぶどう酒を大桶に四杯」を供与するむね決定した。これは、同女に対する祝い金一〇〇エキューの支出を要請したジャンヌ＝ダルクの希望に応えたものであった。プールノワールは、ジャンヌの「旗」の図柄を描いた画家であり、その娘に対するこの配慮は、ジャンヌの優しい人柄をあらわしているとされる。

次に確実なことは、三月のなかば以降、連続して三通のジャンヌ名儀の書簡がシュリーで発せられているという事実である。うち二通はランスの市民あて、残る一通は、なんとこれはボヘミアのフス派にあてたものであった。当時王太子は、ジョルジュ＝ド＝ラ＝トレモイユのシュリーの館に滞在中であり、このジャンヌの三書簡が政府の意志を体したものであったことは、ほとんど疑いをいれない。ランスあての書簡は王軍の再北上を予告する調子のものであり、これは王太子自身の名による同じくランス市民あての書簡によって裏打ちされている。

興味ぶかいのは、三月二三日付のフス派異端あての書簡である。これは、ジャンヌの告解師パスクレルの手になるラテン文書簡だが、主格はジャンヌであり、語り口も明らかにジャンヌのものである。ジャンヌは、「イギリス軍との戦争がかたづきしだい」ボヘミアに遠征するぞと脅しをかけている。当時王太子は、ブルゴーニュ侯に対する外交戦略の一環として、直接的にはブルゴーニュ伯領に対する圧力にもなればと考えて、オーストリア侯フリートリヒ四世、バイエルン侯ルートウィヒ、あるいはストラスブール、ベルン、バーゼル、チューリヒといった諸都市との商議を画策していた。けっきょく、四月、王太子の使節団は、オーストリア侯との同盟締結に成功したのだが、その餌は、当年わずか二歳の王女であった。これをオーストリア侯の、これまたわずか三歳の息子にめあわせよう。その見返りとして、オーストリア侯はブルゴーニュ伯領に脅威を及ぼせ、というのであった。のちのシャルル七世＝ルイ一一世父子の対ブルゴーニュ侯国戦略の基本型がすでにしてここに認められるのだが、それはともかく、この対ドイツ外交戦略のなかに、問題のジャンヌの反フス派十字軍書簡が織り込まれていたことは、これはほとんど疑いをいれないのである。

❖ジャンヌの北上

ジャンヌ＝ダルクは、いぜんとして、王太子とその顧問官たちの統制下にあった。これまでのところは、確かにそう判断してよいであろう。ところが、この三月下旬の時点で、ジャンヌは北フランスへ向かう。この行動が王太子の指示にしたがうものであったのかどうか、また、これ以後のジャンヌの軍事行動全体が王太子の統制から逸脱したものであったのではなかったか、ここに大きな疑問符を研究者の多くは付すのである。

「一四三〇年、ジャンヌ＝ラ＝ピュセルは軍兵多数を連れてベリーをたった」と、ジャン＝シャルチエはかんけつに記す。ペルスヴァル＝ド＝カニイの年代記の記述には含みがある。「ラ＝ピュセルは、王と顧問会議が王国の回復のためにはたらいた、そのやり方のすべてについてはなはだしく不満を持ち、かれらと袂《たもと》をわかつにはどうしたらよいかを考え、王には知らせず、別れも告げず、どこかに気晴らしにでもゆくかのふりをして、ラニイ゠シュール゠マルヌの町へおもむいて、立ち返ることがなかった。」トゥールネの年代記は逆の証言を残している。「王は、ある顧問官のすすめによって、コンピエーニュの住民たちの救援に、イタリア勢二〇〇をつけて、ジャンヌ゠ラ゠ピュセルを派遣した。」

ジャンヌ出発の事情については、けっきょく判断を保留しなければなるまい。おそらく四月初頭、ジャンヌは、イタリアはピエモンテ出身の傭兵隊長バルトロメオ゠バレッタの率いる一五〇ほどの軍勢とともに、腹心の従騎士ジャン゠ドーロンや告解師パスクレルにつきそわれて、

シュリーからコンピエーニュへ

シュリーをたち、「復活祭の週に」、ということは四月一七日から二二日のあいだに、ムランについた。この経過ははっきりしている。「復活祭の週に」というのは、ルーアンでのジャンヌ自身の証言による知識である。一四三一年三月一〇日、獄中での非公開審問第一日目に、ジャンヌは、「前年の復活祭の週に」、「ムランの壕割の（土手の）上で」、聖女カトリーヌとマルグリッ

トの口から、「聖ヨハネの日までに、かの女は捕えられるであろう」との予言を聞いたと証言している。不吉な予感をいだきながら、ジャンヌは北上する。

❖ジャンヌの失点

次にジャンヌの一行が足跡を残したのは、パリから東に三〇キロのマルヌ河畔、ラニイである。三月一四日の獄中審問において、ルーアンの裁判官たちは、「ラニイでかの女が死にいたらしめたフランケ＝ダラス某」について、ジャンヌを追求している。フランケ＝ダラスは、ブルゴーニュ侯に味方する「野武士団」の隊長で、たまたまジャンヌ滞在中のラニイ前面で、ジャンヌやバレッタの率いる手勢、それにラニイ守備隊と戦って破れ、捕虜になり、「人殺しの徒、野盗、裏切者」として斬首されたのであった。ジャンヌは、これが、「サンリスの代官とラニイの裁判所の方々」による「二週間におよぶ」裁判の結果であり、かの女としては、「パリのルルス館の主人」との交換にこの捕虜を使いたいと希望したのだが、と弁明している。戦争捕虜の斬首、これは確かに封建倫理から見て問題であった。交換ないし身代金の徴収、これが慣行の処理法であり、この点、ジャンヌの弁明にかぶせて、ルーアンの裁判官が「フランケ某を捕えたものに金を支払ったか」とたずねているのは興味ぶかい。「金をやろうにも、わたしはフランスの貨幣官でも財務官でもない」と、これがジャンヌの答えであった。ジャンヌと裁判官の問答は、ことごとにかみ合わない。フランス人歴史家の多くは、ここでもまたジャンヌが裁判官たちをやり込めたとよろこんでいるが、さて、どんなものであろうか。フランケ某の件は、明らかにジャンヌの失点だとわたしは考える。

「パリのルルス館の主人」とは、パリのボードワイエ門の近くの同名の屋敷の持主であったジャケ＝ギヨームという人物であって、これは、この四月にパリ市中で未然に発覚した親シャルル七世派の陰謀に連座して、実はすでに死罪に処せられていた。ジャンヌも、そうと知ったので、自分の希望はひっ込めて、フランケ某の処刑に同意したのだと弁明している。「国王裁判所や奉行所のパリのおえらがた、商人や職人たちがともに謀って……」と、パリの一市民もこの陰謀沙汰について報告しているが、しかし、ジャケ＝ギヨームの名は落としているし、国王裁判所録事フォーカンベルグの日記にもこの名前は出ていない。ジャケ＝ギヨームがいったいジャンヌとどんな関係があったのか。この陰謀事件とジャンヌとの関係はどうなのか、この辺の事情については、知ろうにも、いまのところ手掛りはまったくない。

だいたいが、この前後の経過についても、あいまいな点があまりにも多い。次にジャンヌが姿を現すのはサンリスだが、到着は四月二四日とされている。とすると、フランケ某の裁判が二週間にわたったという証言はどうなるのか。これにサンリスの代官が一枚噛《か》んでいたというのはどう考えたらよいのか。裁判はサンリスで行われたのか。判断を保留せざるを得ないのである。サンリスがジャンヌら一行を歓迎したといっては嘘になる。サンリス市政府は、ここにくるまでに肥大した軍勢の入市を拒否し、「三〇ないし四〇人ていどの貴人」だけに、とくに入市を認めた。事情はおそらくラニイでも同様であったであろう。サンリスでのかの女の動静は知られていない。

次にジャンヌの消息が知れるのは、五月も中旬にはいってからのことである。五月一四日付の記録に、コンピエーニュ市政府は、入市したジャンヌの接待に「ぶどう酒四壺」を供したむね記している。三週間ものあいだ、かの女はどこにいたのか。ジャンヌはさまよい歩いていた。そういう印象がぬぐいがたいのである。ところで、このコンピエーニュには、ランス大司教ルニョー＝ド＝シャルトルと、王太子から「フランス」を預るという名分を与えられていたヴァンドーム伯ルイ＝ド＝ブルボンの率いる王軍が駐屯していた。ジャンヌは、この時点で王軍に合流したかの印象を受ける。さて、はたしてどういう事情であったのか。

❖ブルゴーニュ侯、ふたたび北フランスへ

ブルゴーニュ侯と王太子の休戦協定は三月のなかばまで効力を保った。その後のことについては、四月上旬、オーセールで協議することになっていた。だが、オーセールの会議は開かれず、四月にはいった時点では、休戦期間が切れた状態になっていたのである。両者のかけひき

が、春の到来とともに一段とエスカレートし、熱を帯びる。コンピエーニュの攻防とジャンヌの失脚というエピソードは、この混迷の状況下に現象したのであった。

どちらが挑発的であったかは、なかなかに見分けがたい。しかし、ブルゴーニュ侯フィリップは、一四二九年の冬から三〇年一月にかけて、ポルトガル王女イザベルを二番目の妻にもらい受けることにかまけていて、じっさいフランスの内政に首をつっ込む余裕がなかったと、これはブールジュ駐在のヴェネチア人パンクラチオ＝ジュスチニアーニも証言しているところである。さらにはフランドルの一地方が、パリの国王裁判所の介入によって騒乱を起こすという事件も持ちあがった。くわえて、数年前からのリエージュとの抗争が、三〇年にはいったころには、重大な様相を帯びてきた。このリエージュ問題には、どうやら王太子の、ということは北フランスにおいて王太子を代理するランス大司教ルニョー＝ド＝シャルトルの手のものが動いていたらしい。ブルゴーニュ侯を後方から牽制しようという作戦である。こういった動きに、これは前に紹介したが、ブルゴーニュ侯領のいわば出島であるラ＝シャリテへの軍事攻勢、あるいはドイツ諸侯、諸都市に対する外交攻勢などを考え合わせると、どうやら積極的に攻勢に出ていたのはブールジュの政権の方ではなかったかとの判断が成立する。

パリ政府の方もまた、積極的にフィリップに働きかけていた。ホラントの代官ヒュー＝ド＝ランノワをはじめ、ブルゴーニュ政府部内の反ヴァロワ王権派、ひいては親イギリス王家の立場に立つ顧問官たちが、ロンドンとパリの政権の呼びかけに応ずる姿勢を見せていた。じっさい、このヒュー＝ド＝ランノワを含むブルゴーニュ使節団が、一二月、ロンドンに滞在し、作戦計画を協議している。フランス全域に関する遠大な作戦計画書が作製された。その一環として、パリ周辺の敵勢掃討計画が組まれ、コンピエーニュ奪取が作成の要とされた。ブルゴーニュ侯は、けっきょくこの作戦計画を承認し、三〇年二月以降、ひさしぶりに「フランスの戦争」に介入する肚《はら》を決めたのである。だが、実のところ、これはフィリップの本意ではなかった。先まわりして、ことの成りゆきを見るに、この夏一杯かけたコンピエーニュ攻囲はけっきょく失敗し、その間に、本領ブルゴーニュと北の領国の一部ピカルディーが王太子の手のものによって散々に荒らされ、フィリップはほとんど総退却という形でコンピエーニュ前面から兵を引き揚げ、ピカルディーにはいって失地の回復に苦労しなければならないという破目におちいったのである。フィリップは、一一月四日付アラス発、イギリス王ヘンリー六世あて書簡に、強い口調でロンドン政府を非難している。もともと、とフィリップは開き直っている、あなたがたの強い要請に負けて「あなたがたのフランスでの戦争」に左袒《さたん》しただけのことだ、と。さらに、翌三一年春、ロンドンにおもむいたフィリップの特使は、この作戦に要した費用のうち、当然ロンドンの支払うべき分は支払っていただく、お支払いのないばあいには、と、ここのところに大いに注目すべきなのだが、ブルゴーニュ侯はフランス王との単独の講和も辞さないであろうと脅しをかけているのである。

フィリップがコンピエーニュ攻囲に踏み切ったのは、「フランス」の東、ブリとシャンパーニュへの関心からであった。ベドフォード侯は、二月中旬、この両地方に対するブルゴーニュ侯の統制権を認めている。フランドルとブルゴーニュをつなぐ中間地帯であるシャンパーニュに勢力を伸ばしておけば、いずれ王太子と和解する機会に、それがものをいうことになるであろう。フランス全域に関してイギリスと全面的共同作戦に踏み切る気など、さらさらになかった。同盟者ベドフォード侯のメンツをたてることにもなる。フィリップの肚はそのていどのことだったのである。まず自領を固め、折を見て王太子と和解する。これがフィリップの本音であった。これは、ヒュー＝ド＝ランノワをはじめ、ネーデルラントの領主たちや都市の意向とは、大きく喰いちがっていた。かれらは、ブルゴーニュ侯がフランス王権と縁を切り、自立することを望んでいた。フィリップにはその気がなかった。ブルゴーニュ侯権の弱みがそこにあった。王太子の顧問官たちはそこにつけ込んだ。かれらは、すでに三五年のアラスの平和を予測して行動していたのである。

❖コンピエーニュにせまる

コンピエーニュに本拠をおいた、ルニョー＝ド＝シャルトルを筆頭とする「セーヌ以北の顧問会議」は、ふたたび北フランスへ兵を入れたブルゴーニュ侯に対し、五月六日、大胆不敵な挑戦状を発した。いわば、しかけられたゲームに応じたのである。四月の下旬、事態はすでに大きく動いていた。ペロンヌに集結したブルゴーニュ軍団は、二二日、フィリップ自身の指揮下、南進を開始した。二三日、イギリス王ヘンリー六世の軍勢二〇〇〇がカレーに上陸した。五月六日の時点で、フィリップはコンピエーニュの北二〇キロほどのノワイヨンにあった。翌七日、コンピエーニュの北の関門ともいうべきショワジイ＝オー＝バックがブルゴーニュ勢に攻囲された。ここはコンピエーニュの森の北端、エーヌ川がオワーズ本流に合流する地点であり、エーヌ川沿いに東にゆけばソワソンにいたる。一六日、ショワジイの守備隊長ルイ＝ド＝フラヴィは町を捨て、コンピエーニュに引き揚げた。コンピエーニュ攻囲は時間の問題となった。コンピエーニュの守備隊長はルイの兄、ギヨーム＝ド＝フラヴィであった。

いったい、このとき、コンピエーニュに王太子の軍勢がどのくらいいたものやら、確かな数字はまったく伝わっていない。年代記は二〇〇〇ともいい、四〇〇〇とも伝える。これはおそらく誇大である。ルニョー＝ド＝シャルトルとヴァンドーム伯は、それほど強力な軍勢を擁してはいなかったにちがいない。だからこそかれらは、危険のせまったコンピエーニュから、一八日、いちはやく脱出してソワソンに向かったのであった。「王党派」の歴史家は、この行動を、ブルゴーニュ勢の背後にまわろうとの作戦であった、それがソワソンの守備隊長ギシャール=ブールネルの「裏切り」のせいで頓挫《とんざ》したのだと弁護するのだが、これはまったくの推測にすぎない。ルニョー=ド=シャルトルらはコンピエーニュを退去し、ソワソンにおもむいたが、ソワソン市政府は、ランス大司教、ヴァンドーム伯、ジャンヌ三名の入市は認めたものの、「王軍」の入市は拒否した。軍勢は市外で一夜を明かし、翌日、ソワソンを退去した。さて、これからどうするか。ルニョー=ド=シャルトルら顧問官たちは、「マルヌ川とセーヌ川のむこう側へ」退く方針を打ち出した。ジャンヌとバルトロメオ=バレッタはこの方針に逆らい、小人数の手勢を率いて、コンピエーニュへ帰る道を選んだ。ギシャール=ブールネルは、ジャンヌら一行の退去の直後、住民たちの同意の下に、ブルゴーニュ軍団の一翼を預るジャン=ド=リュクサンブールに恭順を誓い、四〇〇〇サルートの契約金を受けとった。以上が事態の推移である。

❖ジャンヌ捕わる

フィリップ=ル=ボンは、コンピエーニュ北東六キロに本陣を構えた。軍勢はオワーズ川沿いに布陣した。五月二二日、ジャンヌは、ヴァロワ伯領の首府クレピイ-アン-ヴァロワにあった。その夜、行動をおこし、オートンヌ川を渡ってコンピエーニュの森にはいり、森をぬけて、翌朝、「朝の秘密の刻に」と、これはジャンヌ自身のルーアンでの証言だが、ピエールフォン門からコンピエーニュ市内にはいった。そして、同日夕方、町を出て、オワーズ川を渡り、対岸のマルニイに宿営する、ボード=ド=ノイエル指揮下のブルゴーニュ勢を襲撃した。

ブルゴーニュ侯家の年代記家ジョルジュ=シャトランは、決まり文句を華やかに散りばめて、格調高く、ジャンヌ出陣の様子を描述している。「かくは、かの女は、男さながらに鎧《よろ》って、朱色地に金糸銀糸をきらびやかに織り込んだ上衣を甲冑の身に打ちかけて騎乗した。かの女の乗る葦毛《あしげ》の駿馬は堂々として美麗、従容《しょうよう》たるその甲冑姿は、あたかも一軍を指揮するもののごとくに見えた。かくは身を正し、その旗を高く掲げて風に吹き流し、数多《あまた》貴顕を引き具して、午後の四時頃、市外へ打って出た。」なんともはやおそれいりましたとしかいいようのない文章だ。ルーアンでのジャンヌ自身の証言に、事態のなりゆきについての報告をきこう。

「その出撃のとき、コンピエーニュの橋を渡ったかと問われた。かの女の答えていうには、橋を渡り、塁道（ブールヴァール）をぬけ、味方の面々とともに、ジャン=ド=リュクサンブール殿の手のものめがけていった。そして、これを二度まで、ブルゴーニュ勢の野営地ないし宿舎のところまで追いつめ、三度目には途中まで押した。そのとき、そこにいたイギリス勢が

コンピエーニュのジャンヌ記念碑

ジャンヌとその手のもののゆくてをさえぎった。かの女は、撤退中、ピカルディー方面に向かう側の岸辺の原、くだんの塁道の近くで捕えられた。かの女の捕えられた場所とコンピエーニュとのあいだには、まんなかに川、そして壕割のある塁道があった。あいだには、ほかになにもなかった。」

実は、まだ、コンピエーニュ包囲陣は形成されていなかった。現在のコンピエーニュの町のジャンヌ＝ダルク通りの延長線上、現在の橋の一〇〇メートルほど下流に石造りの橋がかかっていた。対岸のたもとに砦状の構築物があり、これと橋の本体とのあいだがはね橋でつながっていた。その向こうに、沼地の上を渡る土手状の土盛りが続いていた。「塁道」とはこの土手を指している。このあたりがマルニイ村で、ここには前述のボード＝ド＝ノイエルが、その北のクレロワにジャン＝ド＝リュクサンブールが、南のヴネットに、パリのベドフォード侯の送ったイギリス勢が、それぞれ宿営していた。このマルニイに、ジャンヌら一隊は襲撃をかけたのである。ジャン＝ドーロン、ポトンことジャン＝ド＝サントライユ、バルトロメオ＝バレッタに補佐されて、総勢五〇〇と年代記のたぐいは伝えているが、この数字はいささか疑わしい。また、伝えによると、ジャン＝ド＝リュクサンブールは、このときたまたま、コンピエーニュ包囲の策を練ろうと、平服のまま、のんびり、マルニイ方面に視察に出向いていて、この襲撃を知り、あわててクレロワの手勢を呼び集めてマルニイにかけつけたという。この話もできすぎている。けっきょく、ジャンヌ自身の報告以上のことを、ほとんどわたしたちは確信をもって記述することができないのである。マルニイを襲った、クレロワとヴネットから応援の敵勢がかけつけた、コンピエーニュ勢は退路を絶たれ、あるいは争って橋を渡って、あるいは小舟で、あるいは泳いで対岸に逃げかえった。

シャトランは、ジャンヌが最後まで踏みとどまって味方の撤退を援護したと記述し、ジャンヌの捕われについてこう語っている。「むすめは女の性《さが》を越えて大事業によく耐え、そのともがらを破滅より救うべくおおいに力をつくした。首長然として後方にとどまり、軍勢中もっとも勇敢なるもののごとくであった。だが、運命の許容するところ、これを最後にかの女の栄光の時は終わり、もはやかの女は武器を持たぬ身となるのであった。ここに、一徹にして気むずかしく、噂に高い一女性が数多勇士に打ち勝ったとは信じられぬと思い定めたさる弓射手が、かの女の金糸織りの上衣の端をつかんで、横ざまに馬より引きずりおろし、地べたにころがした。」甲冑の重みに、かの女は立ちあがることを得なかった。その場にいあわせた連中が、いっせいにかの女に手をかけて、捕虜の誓言を要求したが、ジャンヌは、ジャン＝ド＝リュクサンブールの副官をつとめるバタール＝ド＝ヴァンドームに誓言を預けた。「というのは、いちばん近くにいたし、貴人だと名乗ったから」と、シャトランはコメントを付している。かくて、かの女は、ジャン＝ド＝リュクサンブールの手のものの捕虜となった。最後までかの女と行動を共にしたポトン、ジャン＝ド＝ロンほか数名もまた捕虜となった。

こう見てきても、事態は一向鮮明にならない。いったい、この襲撃の目的はなんだったのか。掠奪《りゃくだつ》のための出撃という推測も、十分、成立するのである。また、いったいなぜルーアンのジャンヌは、自分の捕虜になった場所とコンピエーニュの町との位置関係を執拗にいいたてたのか。一向にわからない。

裁かれるジャンヌ

❖ボールヴォワールの虜囚

リニイ伯ジャン゠ド゠リュクサンブールは、かれの獲物を、いったん、サンカンタンの南のかれの居城、ボーリューにおいたのち、さらに北、サンカンタンとカンブレの中間に位置する居城ボールヴォワールに収容した。ジャンの妻ジャンヌ゠ド゠ベテューヌと、ジャンの叔母のジャンヌ、「ドモワゼル゠ド゠リュクサンブール」がジャンヌの世話をした。ルーアンの法廷でのかの女の陳述に、「ドモワゼル゠ド゠リュクサンブールは、ジャンヌがイギリス軍に引き渡されることのないよう、リュクサンブール殿にたのんでくれた。くだんのドモワゼルと、ダーム゠ド゠ボールヴォワールのふたりは、女の衣裳、ないしそれを作る服地をあげましょう、それを着なさいとすすめた……」とある（三月三日）。ジャンヌはやさしい扱いを受けたらしい。ジャンヌのこの報告は、ふたりのジャンヌの名誉である。だが、むしろわたしたちの感動を誘うのは、この記憶を心にあたためて、法廷で人に告げたジャンヌ自身の心根のやさしさである。

ボーリューの城で、ジャンヌはすでに脱走をくわだてていた。このボールヴォワールでも、かの女は塔からとびおりた。たいしたけがもしなかったらしい。脱出をくわだててか、死を願ってのことか。ジャンヌ自身は、自殺の意図を否認している。かの女がおとなしくはしていなかったこと、これは確かである。だれしもの思いつく形容句、「傷ついた小さな野獣のごとく」、ジャンヌは虜囚の日々をおくった。夏がすぎた。九月の末、かの女はアラスに送られた。

舞台裏での折衝こそ見ものであった。しかし、いったいどちらが表であり、裏なのか。リニイ伯は確かに身代金を多く出す方に獲物を売り渡したがっていた。予想される買手に三者があった。ベドフォード侯と王太子、それにパリ大学である。王太子は完全な沈黙を守っていた。ルニョー＝ド＝シャルトルは、ランス市民あての書簡に、ジャンヌがその恣意と傲慢《ごうまん》、そして「衣裳のぜいたく」のせいで破滅したと意見を述べている。これが王太子の側からするただひとつの公式見解であった。一二月の日付になるが、アントニオ＝モロシーニの年代記は、一二月中頃のブリュージュでの情報として、王太子（モロシーニはまだこう表記している）がブルゴーニュ侯に特使を送って、ジャンヌをイギリス軍に引き渡すようなことをしたら、王太子側の捕虜になっているものたちに対しても同様の扱いをするぞと脅迫まがいの申し入れをしたと記述している。捕われのジャンヌについて王太子がなんらかの行動に出たことを証言している資料はこれ以外に存在しない。さしあたり、この事実を確認しておこう。

❖イギリス側に引き渡される

最初に動いたのはパリ大学であった。ジャンヌ捕囚のニュースは、五月二五日、パリにはいった。翌日、パリ大学神学部は、ジャン＝ド＝リュクサンブールとフィリップ＝ル＝ボンあてに二通の書簡を作製した。同日付で、ドメニコ教団修道士マルタン＝マビヨンがブルゴーニュ侯あてに手紙を書き、「この王国の敵どもがむすめと呼んでいるジャンヌという名の女性某……異端の匂《にお》いのする様々な罪の疑いをおおいにかけられているかのジャンヌ」を引き渡すよう、「異端審問聖庁の官印」をもって要求した。修道士マビヨンは、当時ローマ法王庁に出向中であった「フランス王国宗教裁判官」ジャン＝グラヴランの総代理人にほかならなかったのである。ジャンヌは異端審問法廷に召喚された。この認識は重要である。

次いで資料的に確認されるのは、七月一四日、「コンピエーニュ前面の陣のブルゴーニュ侯殿の砦」に、ボーヴェ司教ピエール＝コーションが出向いて、「人がみなむすめと呼んでいる捕囚の女が、教会に引き渡され裁きを受くべく、王のもとに送らるべきこと」を要求したという事実である。コーションは、身代金として一万リーヴルの支払いを提案している。「王」とはヘンリー六世を指す。現実問題としては、その代官、パリのベドフォード侯だ。ピエール＝

コーションは、一三七一年頃、ランスの生まれ。ジャン＝サン＝プールの代から一貫してブルゴーニュ侯の与党として、事あるごとにパリ大学を代表する立場に立ち、一四二〇年、ボーヴェ司教に叙任されてからも、この司教職に慣行として伴う、パリ大学の「諸特権保守者」というポストにあった。パリ大学を代表して、トロワ条約遵守の誓約人をつとめ、二三年にはヘンリー六世の大顧問会議に参画し、年知行一〇〇〇リーヴルを受けた。二九年夏、王太子勢の進出にさいしてボーヴェを脱出し、ルーアンに移った。その直後、イギリスにおもむき、翌年一月に帰国している。四月、ヘンリー六世をカレーに迎えた。この時点でジャンヌ問題が発生したわけである。ピエール＝コーションの登場に、イギリス政府の意向がはたらいていたことは疑いをいれない。コーションは、パリ大学とイギリス政府、「教会」と「王」とをつなぐ環としての役割を負わされたのである。

イギリス王家の財政支出が傍証するところによれば、コーションは、コンピエーニュ、フランドル、ボールヴォワールと各地を歴訪した「一五三日」分の費用として七五六リーヴルを受けとっている。コーションが努力しなかったわけではなかった。ジャンヌの身柄の引き渡しが一一月もなかばをすぎたころになった理由は、もっぱら身代金一万リーヴルの調達に手間どったためであったと思われる。ノルマンディーへの課税がこの問題を解決した。一一月二一日、パリ大学神学部の総会は、ヘンリー六世とコーションあてに二通の書簡を作製し、「現在、あなた（王）のものとなっているむすめなるこの女性」が「すみやかにあなた（コーション）に、ひいては異端のくされの審問官殿にゆだねられるよう」要求している。ということは、この書簡の日付以前の時点で、ジャン＝ド＝リュクサンブールは、ジャンヌをイギリス側に引き渡したことになる。ジャンヌは、九月末日までの時点でボールヴォワールからアラスに送られ、そこでイギリス側に引き渡されたらしい。イギリス側は、一時、ソンム川河口の港町クロトワの要塞に留置したのち、ディエップ経由で、一二月下旬、ジャンヌをルーアンに送った。かつてフィリップ＝オーギュストがプランタジネット王家の攻勢からルーアンを防衛するために構築せしめたボーヴルイユ城に、いま、イギリスとフランスの王を名乗るヘンリー六世と、その後見人であり、ルーアン守備隊長であるウォーリック伯が居を構えている。その城郭の六つの側塔のうちのひとつに、ジャンヌは収容された。

❖むすめを法廷へ

ジャンヌがルーアンに収容されたのは、ベドフォード侯がルーアンで裁判を開くことを希望し、コーションがこれを支持し、パリ大学がこれを不承ぶしょうにせよ認めたからである。コーションは、一二月二八日ルーアンの聖堂参事会から、ボーヴェ司教であるかれが、自分の管轄する司教管区外であるルーアン司教（これは当時空席となっていた）の管区内で宗教裁判を

ルーアン遠望

主催する権限の認承をとりつけた。一四三一年一月三日付の書簡において、ヘンリー六世は、ジャンヌをコーションに引き渡すことに同意した。ただし、それは無条件ではなかった。「要求されたときはいつでも」ジャンヌを引き渡すという、いわばその都度の引き渡しであり、ということは、ジャンヌがいぜんイギリス軍の牢獄につながれることを意味する。さらに問題であったのは、この書簡の結びの一句である。「しかしながら、ジャンヌが上述の訴訟事由ないしそれら訴訟事由のうちのひとつふたつ、またあるいはわれらが信仰にかかわるなんらかの事由によって起訴され、有罪の宣告を受けることのないばあいには、くだんのジャンヌの、われらが手によって再逮捕され、とりもどされるべきこと、ここにわれらが意図はある。」上述の訴訟事由とは、男装、殺人、神意に通じていると民衆をだましたこと、カトリック信仰にとって危険な独断的主張などとされている。これら信仰にかかわる罪状によってジャンヌを処断せよ、さもなければイギリス側は独自な立場でこの女を処断すると、イギリス政府はコーションを脅迫しているのである。

イギリス政府がこれほど気をつかっているとは興味ぶかい。この書簡は、コーションの主宰するジャンヌ審問にイギリス政府が必ずしも全面的な信頼をおいていなかったことを裏側から示している。イギリス政府と宗教裁判所とは、必ずしも一枚岩ではなかったのである。ピエール＝コーションは、自分の司教管区内で逮捕されたジャンヌ、いいかえれば発生した異端事件を処理する権限において裁判を主宰したのだが、もうひとり、コーションに協力する立場にあるものとして、「フランス王国の宗教裁判官」、前述のジャン＝グラヴランのルーアン司教管区における「代理人」、フレール‐プレッシュール（ドメニコ教団の一分派）修道士ジャン＝ル＝メートルがいた。厳密にいうと、「宗教裁判官」は、このル＝メートルとコーションのふたりだけであり、あとは陪席にすぎなかった。このル＝メートルは、公判開始に先立つ打ち合わせの席上、二月二〇日、コーションの裁判参加要請に対して、実に含みのある反応を示している。法廷記録は、こう述べている。

「この提言に対してジャン＝ル＝メートル師は答えた、かれの良心の平穏のためにも、裁判のより確かな運営のためにも、かれは問題の事件にかかわりたくない、その権限があるということならば話は別であるが、そのばあいにもその権限内でのことにしたい。だが、その権限があり、かかわることがかれに許されているとしても、なおかつ、前述の司教（コーション）がこの訴訟において先頭指揮をとることがのぞましい、かれの権限についての、前述のかれへの権限委任の上に立ってこの訴訟の指揮をとるということについてのより詳細な助言を得たとしても（得るまでは）。」

この最後のところは両義にとれるいいまわしである。このル＝メートルの申し立てを受けて、コーションは、ローマのジャン＝グラヴランあてに書簡を発し、ル＝メートルへの信任状の発行を要請してはいる。これが「より詳細な助言」にあたるはずであった。それはともかく、ル＝メートルは、かくて留保付で裁判への参加を承認したわけであったが、けっきょく、かれの発言は、裁判記録にただの一語も記録されていないのである。首席宗教裁判官ジャン＝ル＝メートルは、完全に沈黙を守った。この沈黙がなにを意味するか。ジャンヌの異端性についての直観的な懐疑がかれの舌をもつれさせたのか。イギリス政府の宗教裁判所統制が、かれの心にひっかかっていたのか。

❖ル＝メートルとコーションの立場

ル＝メートルの発言は一言も記録されていないと書いたが、それは、従来これが正式のものと考えられてきたラテン語版の話であって、他にもいくつかラテン語版やフランス語版の記録があって、オルレアン写本と呼ばれるフランス語の記録には、五月一二日、ジャンヌを拷問にかけるべきかどうかが議論されたときの賛否両論計一四の要約が記録されていて、その最後の発言として、ル＝メートルの「ジャンヌが戦う教会にしたがう義務があると信ずるかどうか、改めて審問しなおさなければならない」という発言が読める。これから見て、後述の「戦う教会」理論に忠実に、ジャンヌを異端と判定する立場にル＝メートルは立っていたわけであって、ル＝メートルの沈黙の理由がジャンヌの異端性に対する直観的懐疑にあったとする見方は、まず成立しないのである。

　コーションの立場も、また、よく分らないところがある。ジャンヌの処刑の朝、ジャンヌの告解を受け、処刑にも立ち合ったドメニコ教団修道士イザンバール＝ド＝ラ＝ピエールは、のち、一四五〇年代の「復権訴訟」において、五二年、ルーアンで証言を行っている。かれにいわせれば、裁判官たちにそれぞれの立場があったなかで、ル＝メートルは「恐怖から」参加したグループにはいる。自分や、同じドメニコ教団修道士で、いっしょにジャンヌの処刑にも立ち合ったマルタン＝ラヴニュもそうだという。「イギリス人に迎合して」裁判にあたった連中の筆頭がピエール＝コーションだという。ともかく、このイザンバール＝ド＝ラ＝ピエールにせよ、ラヴニュにせよ、それではルーアンの宗教裁判の効力についてはどう考えるかと問いつめられると言葉をにごし、ジャンヌは聖女であったと考えるかとたたみかけられるとあいまいに逃げるといった調子で、どうも聞き苦しい。ともかく、この両名は、ジャンヌを俗権、つまりイギリス軍の手に最終的にゆだねるかどうかを決定する投票に参加し、賛成票を投じていたのだから、裁判に関して責任のがれをすることはできないのである。それはともかく、このイザンバール＝ド＝ラ＝ピエールの「復権訴訟」における証言は、ピエール＝コーションの立場をみごとに浮き彫りにするエピソードをひとつ紹介している。

ジャンヌが一旦罪状を認めたのち、ふたたび罪を否認し、一旦は捨てた男装をふたたび身につけたときのこと、かれは牢獄の戸口のところで、コーションがウォーリック伯に向かって、「高いはっきりした声で、笑いながらこういうのを聞いた、やれやれ、これで終わりだ、お祝いしなさい。」ド＝ラ＝ピエールは、これをコーションのウォーリック伯に対する迎合の言葉と解したがっているようだが、これこそまさしく、コーションの代表する宗教裁判所のイギリス政府に対する敵対の言葉ではなかったかと、オランダの歴史家ヨーハン＝ホイジンガは考える。わたしもまた、ホイジンガの理解に同調するものである。イギリスの劇作家バーナード＝ショーの戯曲『セント・ジョーン』を批判したホイジンガの論文「バーナード＝ショーの『聖女』」は、ゆたかな共感と深い洞察をもってジャンヌ＝ダルクとルーアンの宗教裁判の実相をついている。

❖「法廷」を構成した人々

しかし、あまり結論を急ぎすぎるのはやめよう。ともかく、早くジャンヌを法廷へひき出さなければならない。裁判を進行させる役目の「検事」には、ボーヴェとバユーの聖堂参事会員ジャン＝デスティヴェが指名された。かれはコーションの指示に忠実にその役目を果たした。三月二七、二八両日にわたってジャンヌに読み聞かされた七〇項目におよぶ最終的な告発文を起草したのは、おそらくかれであったろう。しかし、実際にジャンヌを糾弾したのはコーションやデスティヴェではなかった。ド＝ラ＝ピエールの分類によると「欲得づく」ではたらいた連中、パリ大学神学部の代表たちであり、とりわけトーマ＝ド＝クールセルであり、ジャン＝ボーペールであった。ド＝クールセルは三〇代の気鋭の神学者、この後の出世ぶりはめざましく、一四三五年のアラスの和には、シャルル七世側の代表団の一員をつとめ、王の親愛をかちとり、ノートルダム聖堂参事会員首席としてその輝かしい経歴を閉じている。他方、ボーペールは、当時、パリ、ボーヴェ、ルーアンほか数か所の聖堂参事会員。バーゼル宗教会議においてパリ大学およびルーアン司教区の代表をつとめ、たいへんな権勢ぶりを発揮した。ピエール＝コーションとイギリス政府にもっとも密着していたひとりである。のち、かれはジャンヌ「復権訴訟」の証人に喚問され、ジャンヌが前言をひるがえし、もどり異端として処断される

法廷のジャンヌ　裁判記録の15世紀後半の写本の飾り絵

にいたった五月二八日前後には、かれはバーゼル宗教会議出席のためルーアンを離れていたと証言し、注意ぶかく責任回避をはかっている。

なお、「バーゼル宗教会議」はふつう「公会議」と呼ばれるが、そう呼ぶのには問題があるとする、かなり強い意見が一部に出ているので、あたりさわりのないところ、「宗教会議」と呼ぶことにする。これまた、一部に「教会会議」と呼べばよいではないかという意見があるが、その呼び名は、別の使い方があるので、これは使えない。

その他、有名無名の聖堂参事会員、司教、修道院長、神学者など、イギリスのウィンチェスター枢機卿も時には加わって、日によって二〇人ていど、あるいは六〇人を越す大部隊と、人数に変化はあるが、大体において四〇人前後の陪席裁判人が「法廷」を構成した。初日、三一年二月二一日、朝八時頃、「ルーアン城の王家礼拝堂」に集合した面々は、コーション、ル＝メートル、デスティヴェをはじめ、総勢四四人、それに書記役の公証人ギヨーム＝マンションとその下役たち。ちなみに、マンションは、のち三五年、トーマ＝ド＝クールセルの協力の下に、裁判記録（ラテン語版）を作製することになる。マンションは覚書に書きつける、「次いで検事がきびしく要求するには、くだんの女は、この場にいたり、われらが法廷に出頭すべしとの命令を受けたはずであり……」

❖聖なる無知

「いったいあなたがたがなにをわたしに問いただそうとされるのか、わからない。たぶん、あなたがたがきこうとされるようなことは、わたしはしゃべりますまいよ。」マンションの記録にはじめて聞くジャンヌの言葉である。型どおりに聖書にかけての誓言を求められただけだというのに。「信仰の問題について問われることに、知らないことはともかく、真実を述べると誓いなさい」と、コーションはていねいに要求をくりかえしている。なおかつ、ジャンヌはこだわる、神から受けた啓示については、そんなことは誓えません、と。

当初、ジャンヌはけんか腰であった。感動的な光景ではある。神の啓示を受けたと確信する一人の女性が、神の教会の法廷にひとり立つ。ひとりとはジャンヌは思っていない。だが、コーションは、この女性の不幸を感知している。問題ははじめから明確な形で提起された。ジャンヌは地上の教会、「戦う教会」について無知である。この無知、あえて聖なる無知といおう、ジャンヌ断罪の第一理由はこれにある。

二月二一日を第一日として公開審問六回、次いで三月一〇日以降、獄中での審問八回と審問を重ねるにつれて、ジャンヌには次第に事の真相がわかってきたのではなかったか。「教会」が自分を裁くとは、当初ジャンヌは考えていなかったにちがいない。ジャンヌは、「敵」が自分を攻撃してくると身構えた。これは実に悲痛な光景ではある。自分の信仰の正邪が問われるとは思ってもみなかった。すでにポワチエの学者たちがかの女の信仰の正しさを認めたではないか。ルーアンの「敵」はわなをしかけてくるにちがいない。ぬけめなく警戒し、先制攻撃をかけるのだ、ジャネット。このルーアンは戦場だ。パテーの戦いを想い出せ。かくてジャンヌは「誓言」にこだわり、「声」を信仰のあかしとして立てる。「声」はかの女の十字架であり、押したてる十字架の前に、邪悪な「敵」はその正体をさらす。そうジャンヌは確信していたかのようなのだ。マンションの記録に見るかぎり、「声」についての証言は、ジャンヌの自発的行為なのである。「声」について、ジャンヌは自信にあふれている。まさか、まさしくその「声」について、法廷がジャンヌを執拗に追求しようとは。これはおそらくジャンヌの理解を越えていたにちがいない。

❖裁かれる理由

ところがどうだろう、初日の予備的人定尋問ののち、第二日目以降、三日間にわたってジャンヌを審問したジャン＝ボーペールは、「貴婦人たちの木」、「旅立ち」、「男装」、「しるし」、「旗と剣」など多種のテーマにふれながら、尋問の的をぴたりと「声」にしぼってきたのであった。ジャンヌが自分の行動理由の根拠とした、その「声」の正体はなにか。ボーペールは、ついに四日目にして、それが聖女マルグリットとカトリーヌ、それに大天使ミカエルの「声」であったとの証言をかの女の口からひき出すことに成功した。なおもボーペールは追求の手をゆるめない。ジャンヌの見た聖女らの姿態《したい》について問いつめる、「聖ミカエルを、有形のものとして、実像として見たのか。」ジャンヌは答えざるをえない、「わたしは聖人さまがたを、ちょうどあなたがたを見るように、このからだのこの眼で見ました。」ボーペールはなおせまる、「聖ミカエルの姿態は。」ジャンヌは逃げる、「まだお答えしていませんでしたね。だけど、お答えすることは許されていないのです。」ジャンヌは、これがわなだと感じると、「声」の許しがないと逃げるのであった。

ボーペールのあとを受けて、第五日目の公開審理の席上、座長コーションが、聖人らの形姿について、ジャンヌの証言をひき出そうとする。マンションの記録をたどってみよう。

かの女の見た聖女らは、いつも同じ服装かと問われた。

かの女の答えるに、聖女らはいつも同じ形に見える、その姿態は、とてもりっぱな冠をつけている。どんな服装かは、かの女は語らない。また、かの女のいうには、聖女らの衣についてかの女はなにも知らない、と。

問いかけ。あらわれが男か、はた女か、いかにして知るか。

かの女の答えるには、あらわれをよく知っている、その声で聖女らを見わける、聖女らがかの女にそれを啓示する。それが神の啓示であり命令であるかどうか、それは知らない。

問いかけ。かの女の見るところ、聖女らはどんな様子か。

かの女の答えるには、聖女らの顔が見える、と。

かの女にあらわれるという聖女らには髪の毛があるかと問われた。

かの女の答えるには、「とても知りたいですねえ！」

聖女らの冠と髪の毛とのあいだになにかがあったかと問われた。

なんにも、とかの女は答えた。

聖女らの髪は長く、垂れ下がっていたかと問われた。

かの女の答えるには、「そんなこと知りません。」また、かの女のいうには、声はやさしく、きれいで、つつましい、そしてフランス語を話す、と。

聖女マルグリットはイギリス語を話さないのかと問われた。

かの女の答えるには「どうしてイギリス語を話しましょう、イギリス人たちの味方ではないというのに。」

前述の冠を戴く頭は、耳かどこかに、飾環をつけていたかと問われた。

かの女の答えるには、「そんなこと知りません。」

（中略）

問いかけ。かの女にあらわれたとき、聖ミカエルはどんな様子であったか。

かの女の答えるには、かの女は冠は見なかった。その衣服についてはなにも知らぬ、と。

聖人は裸であったかと問われた。

かの女の答えるには、「神が聖人に着せるものをお持ちでないとお考えですか。」

聖人には髪の毛があったかと問われた。

かの女の答えるには、「いったいどうして髪の毛を切ってしまったのかしら？」また、かの女のいうには、かの女は、クロトワ城を出て以来、至福なるミカエルに会ってはいない、それにそれほどたび重ねて会ったわけではない、と。最後に、聖人が髪を持っているかどうか、かの女は知らぬ、と。

聖人は天秤《てんびん》を持っていたかと問われた。
かの女の答えるには、「そんなこと知りません。」

第六日目の審問も、聖女らの姿態についての質問をもって幕をあけた。ジャンヌは、最初から拒否の姿勢を見せる、「もう知っていることはぜんぶいいました、いいえ、知っていることをぜんぶいわされるくらいなら、むしろわたしの首を切らせてください。」だがコーションは追求の手をゆるめない。「聖ミカエルと聖ガブリエルが生身の頭を持つと信ずるかと問われた。かの女の答えるには、『わたしはこの眼で聖女さまがたを見ました、わたしの見たのが聖女さまがただったのは、この世に神さまがいらっしゃることほど確かなことだと信じます。』かの女は、かの女が見た聖女たちの外見と話し方そのままに神が聖女たちを創造したと信じるのかと問われた。かの女は、はいと答えた。」

すこしづつ、すこしづつ、ジャンヌに疲れが見えてきた。マンションの記録をたどるとき、このあたりでそんな印象を受ける。この日の審問の記録にたまたま証言されているのだが、「黒い衣をつけた」ジャネットは、ようやく理解しはじめた、裁判官たちが裁こうとしているのは「フランス王のむすめ」ではない、「声」の、つまりは神の啓示を受けたと称して「教会」に無断で行動を起こした一信徒の不遜《ふそん》である、と。

❖異端ジャンヌ

男装の件について、旗印について、説教師リシャールとカトリーヌ＝ド＝ラ＝ロシェルについて、かの女自身の画像を作らせた疑いについて、奇蹟を起こすと噂されたかの女の指環について、死児を蘇生《そせい》せしめたという噂について、ボールヴァワールでの自殺未遂事件について、そしてもちろん問題の「しるし」の件について、「剣」について、かの女の乗馬と金庫について、負傷の件について、イギリス軍にあてたかの女の書簡について……尋問は多岐《たき》にわたり、ジャンヌは手練れの隊長のように、この戦いをなかなかうまく切りぬけた。だが、夜、ひとり獄中にあるジャンヌが、今日もうまく切りぬけたと自己満足にひたり、明日の戦いを思って気負いたっていたと想像する人がいるとしたら（事実おおかたの研究者の主張の背後にはこういった想像がひそんでいるのだが）、その人の心はまずしいといわねばなるまい。ジャンヌの心には不安がさわぐ。なぜかれらは「声」を問題にするのか。なぜ執拗に聖女たちの姿態についての証言を求めるのか。

宗教裁判所の論理はきわめてはっきりしている。単純直截といってもよい。なお八日にわたる獄中の審問を経て、法廷は七〇か条におよぶ告発文を作製し、三月二七、二八両日、ジャンヌに読み聞かせたのち、これを一二か条にまとめて、四月五日、公表した。かいつまんでその内容を紹介しよう。第一項から第三項までは、聖女らの出現とジャンヌの行動との関連についてであり、「しるし」もまた聖ミカエルと関連づけて法廷は理解している。第四に、かの女の予知予見について。第五に、男装の件について。両件について、聖女らの命令ないしすすめをジャンヌは楯にとっていると論難されている。第六に、書簡の署名に「イエス－マリア」の文字と十字の印を用いたこと。第七に、これは第一項から第三項までとだぶるが、ジャンヌの「フランス」への旅立ちのこと。第八に、塔からとびおりて自殺未遂の件。第九に、処女性を誇る傲慢について。第一〇に、かの女の「党派性」について。神が特定の人々の味方であり、聖女らがフランス語を話すのは、聖女らがフランス人の味方だからだと主張したこと。第一一項に、「ジャンヌがミカエル、ガブリエル、カトリーヌ、そしてマルグリットと呼ぶ上述の声と霊」に対する礼拝について。第一二条が、結論であり総論である。

「また、この女は、たとえ教会が、かの女が

ジャンヌ、「声」を聞く
ドンレミ村ムーズ川の橋のたもとの記念碑

神から受けているという命令に反するようなことをなせと望んだとしても、それがなんであれ、それをなすことはないと告白し、かの女の裁判の内包をなすことごとは、すべてこれ神の命令に出るものであり、反対のことをなすことはかの女に不可能であるとじゅうぶん承知していると主張する。それらのことごとを、戦う教会ないしこの世のだれかある人の決定にゆだねることをかの女はまったく望まず、ひとえに神のみに、その命ずるところをつねにかの女のなすところのわれらが主のみに、とりわけ啓示にかかわる内包に関しては、かの女のいう啓示によってなしたところのことごとについては、決定をゆだねるものである、と。この答弁、またその他の答弁をなしたのは、かの女自身の考えからではなく、かの女にいたった声と啓示の命令を果たし、伝えたものであるとかの女はいった。裁判官たち、その他陪席の人々が、『唯一の聖なる普遍の教会』という信仰個条をたび重ねてかの女に提示し、すべてこの世の巡礼者は、とりわけ信仰の問題に関しては、聖教義と教会法にかかわる問題については、その言行を戦う教会の下におき、戦う教会に服従しなければならないとかの女に説き明かしたにもかかわらず。」

戦う教会、これは在世の教会組織のことである。ジャンヌは教会の統制にしたがわない。だから教会はジャンヌを教会の外におく。これが法廷の到達した結論であり、ジャンヌ告発の根本理由である。

❖法王の政治的処理

以下、筆者はゴチック活字でいいたいのだが、現在にいたるまで、ローマ＝カトリック教会は、このジャンヌ告発を取り消してはいないのである。一四五〇年代に行われたいわゆるジャンヌ復権訴訟は、訴訟とはいいながら、ただそれは後代の人がそう呼んだというだけのことで、その実態は、大掛かりなアンケート調査であったにすぎず、ジャンヌの人となりを称揚《しょうよう》する証言をくどくどといたずらに積み重ねただけで、この肝心《かんじん》の告発についての有効な反撃をなしえなかった。もともと教会側にはその気がなかったのである。「復権訴訟」の幕閉めともいうべき、五六年七月四日付の法王教書は、これになんらふれず、判断保留の意志を明示した。裁判はなかったことにしよう、ひらたくいえばこれが法王のはなはだ政治的な処理であった。ルーアンの裁判を非難弾劾することに情熱をもやす歴史家レジーヌ＝ペルヌー女史にしても、この事実だけはさすがに冷静に受けとめている。かの女は「復権訴訟」の結果を「消極的」なものと認めているのである。

「復権訴訟」は実は二度目があった。一九世紀から二〇世紀にかけて、フランス人の愛国の想いが高揚した時期に、ジャンヌは聖女の座へと押しあげられたのである。一九二〇年五月一六日付の法王書簡がジャンヌを聖列に加え、法王は、パリの法王特使館の返還を受けた！　第一次世界大戦中に、ローマ法王のヴァチカン市国はイタリアのファシスト、ムッソリーニ政権を容認したというのでパリの法王特使館をフランス共和国に没収されていたのである。もちろん、このふたつの事件のあいだにはなんの関係もないとする意見も十分傾聴にあたいする。それはともかく、ジャンヌを聖女とするには、なんの困難もなかった。フランスの世論がそれを期待していたし、奇蹟が証明できれば聖人は生まれる。証明するのは法王である！　この茶番劇の評価は、この書物のかかわるところではない。さしあたりジャンヌ列聖の根拠が、ただひとえにジャンヌ生前の徳行に求められたという事実を確認しておけばよい。ローマ-カトリック教会は、頑迷にも、ルーアンの裁判については沈黙を守ったのである。ジャンヌ告発の趣意について判断保留の姿勢をかたくなに守りつづけたのである。あえて断る必要があろうか、「頑迷にも」だの「かたくなに」だのといった言葉づかいは、これは反語的表現とお受けとりいただきたい。

❖ジャンヌへの説得

裁判は事実上終わった。こう告発した以上、道はふたつにひとつ。ジャンヌの回心と教会への復帰か、ジャンヌの異端としての断罪かである。コーションは、一二か条をパリ大学神学部に送り、意見を求める手続をとり、かたわらジャンヌ説得に努力をかたむける。四月一八日、病気を訴えるジャンヌのもとに、七人ほどの供をひきつれてコーションがあらわれる。ジャンヌは死の予感を訴え、告解、終油《しゅうゆ》、教会の墓地への埋葬を要望した。コーションは、教会に服従するならばと答える。ジャンヌはいう、「そうおっしゃると思っていました。」ジャンヌはなお強気に見える。事実、五月二二日、城内の一室に集まった六三人という最大規模の裁判官団にとり囲まれ、エヴルー教会副司教ジャン＝ド＝シャチヨンの厳格な説諭にもよく耐えたかの女であった。ジャンヌは傲然と胸を張る、「わたしは確かに信じもします、戦う教会が迷い、誤ることはない、と。けれど、わが言行については、わたしはこれをすべて神の御手にゆだねます、神はわたしがしたことをわたしにおさせになったのだ。」ジャンヌよ、とコーションは想う、おまえはわたしが教会だといっていることになるのだよ。だが、この日の記録の最後の一節は印象的である。コーションは最後にジャンヌに対し、われわれの勧告についてよく考えるようにといった。「ジャンヌはこう問いかけた、『いつまでにですの？』われわれは、いまよく考えて、欲するところを答えなさいといった。だが、かの女はもはや答えなかったので、われわれはその場を去り、ジャンヌは牢獄へもどされた。」ジャンヌの心の迷いをここに読んでは読みすぎであろうか。マンションの記録は、時とするとドラマティックでさえある。

五月二三日、法廷は、パリ大学神学部の告発文についての意見をジャンヌに読み聞かせた。一旦パリにもどり、神学部の意見をとりまとめてルーアンにもどったパリ大学の代表六名のうちのひとり、身分はルーアンの聖堂参事会員ピエール＝モーリスがその役をつとめた。神学部は一致した見解をもって告発を支持し、ジャンヌを「離教者、教会の統一と権威について考え誤まてるもの、背教者、今日まで強情にも信仰に迷えるもの」と決めつけている。さて、とピエール＝モーリスは、やさしい口調でジャンヌに語りかける。モーリスは、こののち、ジャンヌが一旦は回心し、男装を捨てながら、ふたたび男装にもどったのを見て、悲しみの表情をうかべたとある証人によって証言されている人物であり、処刑の日の朝、ジャンヌに、夕方にはわたしはどこにいるのでしょうと問われて、「救い主に希望を託さないというのか、ジャンヌ」とかの女をはげましたと伝えられている人物である。かれは、一四三六年、四三歳の若さでみまかった。

モーリスは、わかりやすいたとえばなしでジャンヌを説得しようと試みる。おまえのいう王の王国で、かりにある騎士が反乱をおこし、こういったとしよう、わたしは王にしたがわない、その役人たちのいうこともきかない、と。それでも、ジャンヌよ、おまえはそのものを罰しなければならないとはいわないだろうか。モーリスのたとえばなしの論理的欠陥をつくことは容易であろう。しかし、ジャンヌを救おうとするモーリスの善意は、これをそのまま認めようではないか。だが、ジャンヌはかたくなに拒否する。たとえ薪束に火がつけられても、とまでいったとマンションは伝える。たとえ薪束に火がつけられてもだと？　はて、さて、どうかな、ジャンヌ、とコーションは上気したまだうら若い女性の顔を見やる。

❖ジャンヌ回心

一四三一年五月二四日の朝、群衆がとりまくサン=トゥーアン修道院附属墓地のなか。ジャンヌは一段高い壇の上に立たされている。これが最後だ、ジャンヌ、教会にしたがえ。はい、法王にしたがいます、けれど第一に神にしたがいます。だめだ、ジャンヌ、順序をつけてはだめなのだ、ただ一重《ひとえ》に教会にしたがえ。「次いで、この女がなにもいおうとしないので、くだんの司教（コーション）は、最終審決を朗読しはじめた。大部分読みすすんだとき、ジャンヌはしゃべりはじめ、『教会が命ずることすべてを守ります、読むのをやめてください、あなたがたの命令になんでもしたがいます』といった。」

ジャンヌは回心した。その動機は？　火刑の恐怖であったろう。宗教裁判所における背教者の審決は、俗権への身柄の引き渡しと処刑を意味する。この慣行については、コーション自身、またピエール=モーリス、あるいは、二三日の晩にジャンヌを牢獄に訪れて回心をすすめたというボーペールほか、幾人もの人がかの女を啓蒙してきたところである。かの女はよく知っていた。だが、現実のことになろうとは想像できなかった。したくなかった。かの女の心のおびえは、数世紀をへだてたわたしたちにもよくわかる。法廷の真の意図がわかりはじめるにつれて、しだいに不安がしのびよる。不安はついに火刑の光景に鮮明なイメージを結び、かの女のはりつめた心は破れた。こわかった、それが回心のきっかけであったろう。コーションは、じゅうぶんこのことのあるを予期していたと思われる。混乱は起きなかった。フランス語による回心の誓言文がただちに用意され、ジャンヌはそれを朗読せしめられた。かの女は、朗読中、笑ったと証言されている。はたしてなんの笑いであったか。かの女は署名させられた、十字の印で。それからコーションは、新しい審決文を読みあげた、マンションの記録によれば。火中に滅びる生命にかえて、パンと水のみに生きる牢獄の生をジャンヌに与えた。そして、ジャンヌは牢にもどされ、その日の午後、男装を女装に変え、髪を切られ、頭をそられた。かの女自身、それを望んだとマンションは記録している。

❖聖ミカエルの天秤

コーションの心は満ちたりたのだろうか。ともかくもジャンヌの魂と肉体は救った。火刑という見世物を期待した群衆は、腹を立ててコーションに石を投げた。あやうくコーションの方が石刑にあうところであったと証言されている。イギリス政府の代表ウィンチェスター枢機卿の側近は、コーションになぐりかかったという。ぜいたくなものだ、改宗劇という息づまるような光景をまのあたりにしながら、血の残忍と憐憫《れんびん》の発作の両極にゆれ動くこの時代の民衆は、なおそれに満足しないというのか。言行のすべてを虚偽と認めるジャンヌの告白を獲物としながら、なおイギリス人は血の復讐を叫ぶというのか。コーションの心境を察すれば、およそこんなぐあいででもあったろう。

聖ミカエルの天秤　13世紀末のスペインの祭壇画から

ヨーハン＝ホイジンガは、前に紹介した論文において、コーションとその法廷がジャンヌのいう「声」にこだわり、その具象のイメージを追求したのはなぜかと問い、この点にこそ、ジャンヌを異端の断罪から救おうとする法廷の真摯《しんし》な努力が認められると、大胆な仮説を立てている。ジャンヌは、「声」の正体はなにかと問いつめられ、そこではじめて聖女カトリーヌとマルグリット、聖ミカエルの名を出したのではないかとまで、ホイジンガは疑っているのである。じっさい、裁判以前の時点でジャンヌがこれら聖人たちの名前を出したと証言する記録は存在しないのである。ジャンヌは、つねに神と「声」について語るのみであった。コーションたちが聖人たちの名をジャンヌの口からひき出したのである。さらに、聖人たちの具象のイメージをジャンヌの口からひき出そうとする。前に引用紹介した法廷問答について、研究者のほとんどは、コーションたちを嘲笑《あざわら》う。どうでもいいことをくどくどと問いつめて少女を苦しめたと非難する。ジャンヌはけなげに侮蔑《ぶべつ》に耐え、みごとに陰険な連中をやり込めたと喝采《かっさい》する。だが、ホイジンガだけはそう見ない。この問答にこそ、ジャンヌを救おうとするコーションらの善意、信徒の信仰の迷いをただそうとする教会の努力を読みとる。

コーションやボーペールがジャンヌの口からひき出そうとしていたのは、ジャンヌの「声」への服従が「聖者崇敬」のヴァリエーションであることを示す証言である。この時代、実に数多くの聖者が、あるいは病気治療の責務を押しつけられて、あるいは災害からの守護者として、民衆の崇敬の対象となっていた。聖者たちは、当時流行の服装を身につけ、ついその辺で見かける土地の人さながらに絵姿に描かれ、民衆のあいだに立ちまざっていた。本来、聖者は救いを神にとりなす仲介者でしかなかったのに、かれら自身が救いをもたらす能動者、これが逆転して、災害をおこす罰令者として、親しまれ、おそれられる存在になっていたのである。この現象を、その他信仰の諸形式のゆるみとともに、ホイジンガは「信仰の氾濫《はんらん》」と呼んでいる。教会は、このような民衆の次元における信仰のゆるみを、あるていど許容する度量を持っていた。これを「信仰の迷い」とし、矯正《きょうせい》する努力は怠らないが、しかし、このていどのことまでも「信仰の誤り」あるいは「信仰の離れ」とし、離教者、背教者として断罪するほどまでにかたくなではなかったのである。

コーションの主宰する法廷は、ジャンヌの容疑を「聖者崇敬」という次元においてとらえ、「信仰の迷い」として処理するという方針をもってジャンヌにのぞんだ。ジャンヌ自身の口から聖者崇敬の証言をとらなければならない。コーションやボーペールの尋問は、まさしくここに的をしぼっていたのである。「聖ミカエルは天秤を持っていたか。」この一見ばかばかしい質問にこそ、ルーアンの裁判官たちの願いがこめられていた。ジャンヌが「はい」というのをコーションは聞きたかった。この時代、聖ミカエルは、魂の重みを測るべく天秤を持つ絵姿に描かれて、民衆に親しまれていたのである。

ジャンヌは「はい」といわなかった。わたしは聖者の絵姿に触発されて幻覚を見、幻聴に接したのではない。聖女の声を聞き、生身の聖女を見たのだ。神の次元と接触したのだと主張したことになる。これを認めれば、と検事デスティヴェは、ジャンヌ告発文第六二項にいう、「教会の権威は崩れ落ちるであろう。」「唯一の普遍の教会」に「ジャンヌの教会」を対置せしめてはならない。法廷は苦しい戦いを戦った。からくも最後のどんづまりで、ジャンヌから服従の言葉をひき出すことに成功した。だが、ジャンヌは、一時的に錯乱の状態におちいっただけなのではなかろうか。コーションの不安は深い。一人の女性の純な信心は、教会の存立の根拠をついた。ジャンヌは、もはやひきかえすことのできない地点にまでつきすすんでしまっているのではないか。ついにジャンヌは、教会のふところにもどることはないのではないか。

❖ジャンヌ、異端にもどる

「次の月曜、すなわち五月二八日、聖三位一体祝日の翌日。われわれ裁判官たちは、くだんのジャンヌの牢獄へ、かの女の様子を見に出かけた。」マンションは淡々と筆を運んでいる。二七日夜、獄中のジャンヌは、ふたたび男装を身につけた。小鳥はふたたびとびたち、もはや帰ることはないであろう。コーションを迎えたジャンヌの表情は、落ち着いて晴れやかであったにちがいない。マンションの記録に読むジャンヌの言葉は、まるで歌のようだ。男装にもどったのは、強いられてのことではない、わたしの意志です。なぜって、牢獄ではこの方がぐあいがいいですし、それに、あなたがたは約束を守らない、聖体拝受のことと、鉄の鎖につながないってことよ。約束を守ってくださるなら、いい子になりましょう。聖女さまがたのことはほんとうです。おはなししたことに嘘はありません。嘘をついたと認めたではないかですって？　聖女さまがたのことについてまで、そんなことといったかしら？　火刑がこわかったのよ。嘘をつきましたなんていうつもりはなかったわ、ほんとうよ。あなたがたがどうしてもっていうのなら、女の着物を着もしましょう。だけど、それだけのことよ。そのほかのことは知らないわ。ああ、いっそ死にたい、悔悛《かいしゅん》の秘蹟《ひせき》にあずからせてもらえるなら……。この少女の心のなごみに、いったいコーションたちは、どんな応待が可能であったというのか。おそらくコーションは、このときはじめて負けたと想ったにちがいない。この少女のあまりにも純な信心に、その肉の生命を救おうとする知恵の小ざかしさを想ったにちがいない。

❖うわの空のジャンヌ

ギヨーム＝マンションの編集した裁判記録に読めるジャンヌの言葉はこれが最後である。続く記事は、二九日、法廷の合議、三〇日、ジャンヌに対する新たな召喚状の発行と、ルーアンの広場ヴィユー＝マルシェにおける判決文の朗読と、「もどり異端」裁判の骨子を簡潔に伝えているのみである。ところがここに「後日の記録」と呼ばれる一連の文書があって、六月七日の日付で、処刑直前のジャンヌと計七名の陪席裁判官との問答をまとめたものがこれに含まれている。これにはマンションの署名はない。かれは、のち、「復権訴訟」において、この文書についての責任を回避しようとはかった痕跡《こんせき》がある。事実、これはマンションの手になったものではなかったらしい。ともかく、これは問題の文書なのである。

これは、六月七日、コーションとル＝メートルが、五月三〇日の早朝、獄中で行われた最後の審問について、各陪席裁判官に報告を求めたという形になっている。全体として、報告の骨子は、ジャンヌにあらわれたという「霊」（かの女のいう「声」）がはたして善霊であったか悪霊であったか、かの女にはもはや判断がつかないとかの女は告白した。また、「声」はかの女をだましたのではないか、なぜなら、「声」はかの女の解放を約束したはずなのに、いまかの女は捕われの身のまま処刑の朝を迎えているのだからとの指摘に対して、かの女はそれを認めた、と、以上二点にある。一見、ジャンヌは、最後の最後の段階で、またもや自己の非を認めたかの印象を受ける。だから、正義はジャンヌにありと力説するレジーヌ＝ペルヌー女史など、総じてルーアンの法廷に敵意をもやす歴史家は、この文書は偽文だと断定するのである。

この「報告」中、ランス聖堂参事会員ジャック＝ル＝カミュの証言によると、ジャンヌは、マルタン＝ラヴニュの手から聖体の秘蹟を受けたという。背教徒のままこの秘蹟を受けることはもともとありえないのだから、ジャンヌがふたたび回心したという前提が、これには当然必要になる。この「報告」がでっちあげだとすると、実にこの点までが整合化されていることになる。「復権訴訟」においても、ジャンヌの聖体拝受の件は、幾人もの証人によって証言されている。だが、ここではジャンヌが回心したという前提は証言されていないのである。ジャン＝マシュー（これはコーションが法廷の命令を執行する役に任じた、ルーアンの信徒団世話役であって、処刑にも立ち合っていた）の証言によると、この聖体拝受は、ジャンヌのたっての希望により、コーションの特別のはからいとして、マルタン＝ラヴニュの執行したものであった。コーションは、これによって少女との和解をはかったのであろうか。この証言には信憑《しんぴょう》性があるとわたしは思う。

同時にまた、問題の「報告」は偽文書ではないと思う。この報告に読みとれるジャンヌの言葉は、なにかうわの空というか、投げやりというか、そんな感じがする。一例をあげよう。贖《しょく》罪《ざい》のためにも、最期のときに、自分が「悪しき霊」にだまされていたと民衆に告白しなさいとすすめられて、「ジャンヌが答えるには、よろこんでそうしたい、けれどそうしなければならない肝心なときに、つまり公けの裁きを受けるときに、そのことを忘れてしまうかも知れない、と。そしてかの女は、そのことを想い出させてください、そのほかかの女の救いにかかわる事々を、といった。」なにか一生懸命に考えていて、うわの空で返事をしている少女を、わたしは想像するのである。このムードは、前に紹介した、五月二八日早朝のコーションとの対話にもすでにうかがえるところであった。もうどうでもいい、教会のいうことは確かに正しいかもしれない、けれど、わたしはもうひきかえすことはできない、わたしはわたしの「声」に導かれてここまできた、このまま最後まで歩いていってみよう、あとはただ神におまかせするだけだ……。断罪の朝、ジャンヌは、ただひたすらそう思いつめていた。五月末のノルマンディーの朝は、まだ冷えびえとする。なんきん袋に首の穴をあけただけのような粗衣の胸をかき合わせて、石の獄舎の片隅にうずくまるジャンヌ。のしかぶさる人影、声は聞こえて、自分の口も動いてはいるのだが、意味はとれない。ひきつったような微笑をうかべたマルタン＝ラヴニュが、ジャンヌの口にパンのかけらを押し込む。ジャンヌの視線はラヴニュの眼をとらえ、しかもジャンヌはラヴニュを見てはいない。ジャンヌの視線に、周囲のセッティングは、なにか超現実の趣きを帯びていた。

❖火刑

九時。ジャンヌはヴィユー=マルシェ広場に連行された。東は材木市場と肉市場、西はサン=ソーヴール教会の境内、このあいだにはさまれたルーアンの中心広場である。市場の壁に寄せて足場が組まれ、その上にジャンヌは曝《さら》された。反対側の教会墓地を背に、もうひとつの足場が組まれ、臨席の裁判官たちがいならんだ。民衆がぞくぞくとつめかける。明方から場所をとっていた連中もいたろう。イギリス勢が見物衆の整理にあたっていた。「イギリスとフランスの王」のルーアン代官ラウール=ド=ブーティエが、配下の一団をひきつれて陣どっている。かれは罪人の身柄の引き渡しを待っている。

儀式が続く。ルーアンの聖堂参事会員ニコラ=ミディの説教。かれは、「コリント人への第一の手紙」の第一二章二六節を引用する。適切にも！　マルタン=ラヴニュとイザンバール=ド=ラ=ピエールの両名がジャンヌにつきそっている。ジャンヌの放心の視線が、ひしめき合う群衆の上をさまよい、サン=ソーヴール教会堂の石壁にはねかえり、桟敷《さじき》の上の裁判官席の

ジャンヌ火刑図
向かいあって横顔を見せているのがピエール=コーション

群像をとらえる。コーションが立ちあがる。判決文の朗読。はじめはお決まりの文句。そして、法廷とジャンヌの戦いの回想。ジャンヌよ、おまえは「犬が自分の吐物《とぶつ》に鼻面をむける習性を持つように、上述の罪過にふたたびおちいった。」かくては、ジャンヌよ、「われらはおまえをもどり異端と呼び、……おまえを教会の統一の外へ投げ捨て、教会の肢体からとり除き、俗権へゆだねなければならない。」あとは決まり文句。俗権よ、ねがわくばその裁決に手ごころを加え、死と肢体切断の手前にとどまることを、と。

マンションの記録は、この判決文の収録をもって終わっている。宗教裁判は完了したのだから、マンションを非難してもはじまらない。ジャンヌは「俗権」にゆだねられた。ルーアン代官の出番である。ところが、かれの下役であったローラン＝ゲスドン某が「復権訴訟」において証言しているところによると、代官が一語を発する余裕もあらばこそ、コーションの朗読が終わるや、ただちに刑執行人がジャンヌを火刑台上に拉致《らち》し、「かの女はもやされてしまった。」「復権訴訟」の証人たちは自己弁明にいそがしい。刑執行人はルーアン代官の命令がなければ動かないはずである。かくて歴史家は想像力をはたらかす。ギュイユマン氏はいう、「刑執行人に向かってうなずいた。」これで完璧だ。「俗権」が異端女の処分をひき受けた。イギリス人の隊長のひとりがどなった、「ここで夕飯をくわせる気なのか!」これはジャン=マシューの証言である。ぞくぞくするほどうれしくなってしまう証言ではないか。まったくこれはこたえられない。

他方、マシューをはじめ、ヴィユー-マルシェの情景について証言する「復権訴訟」の証人の面々は、ジャンヌがしきりに民衆に語りかけたと証言している。マシューにいたっては、「三〇分かそこら」と、ジャンヌの演説の時間まで指定している。従容《しょうよう》として罪の許し(罪状のではない、キリスト教徒としての贖罪の意味である)を乞《こ》い、民衆に感銘を与えたジャンヌというイメージ作りに懸命である。こういった証言に対していささか斜めにかまえて、ギュイユマン氏はまことしやかに述べる、「紙の帽子は鼻の頭までずり落ち、声もとぎれとぎれに、鼻をすすりあげながら、しゃべりつづけた。」証人たちもしゃべりつづける。十字架を所望したジャンヌに、イギリス人兵士のひとりが、かの女を焼く薪束から小枝を折りとり、十字に組んで与えた。ジャンヌはそれを胸もとにはさみ込んだ。かの女は杭に後手に縛りつけられた。十字架が見えない。ジャンヌの叫びに、サン-ソーヴール教会の一聖職者が、大きな十字架を持ってきて、かの女の眼前にかざした。兵士と聖職者に幸いあれ！　火がつけられた。

『パリ一市民の日記』にパリでの伝聞の報告をきこう。

そしてかの女は、漆喰《しっくい》仕立ての木組みの台の上の杭に縛りつけられた、そして火がつけられた、かの女はすぐ死んだ、衣服はすっかり焼けた、次いで火が遠ざけられた、群衆はまっぱだかのかの女を、女にあるはずの、なければならないはずのかくれた部分をくまなく見た、民衆の疑いをとりはらうためのことだ。心ゆくまで気がすむまで、民衆が、すっかり死んで杭に縛りつけられているのを見るのを見はからって、処刑人は、このあわれな死骸の上に盛大に火をかけた、死骸は燃えつき、骨も肉も灰になった。あちらこちらに、かの女は殉教者であった、正しい主君のために死んだのだというものもあり、また、他の連中は、いやそうではない、かの女をかく用いたものはまちがっていたのだ、ともいっている。だが、いかなる悪行あるいは善行をなしたとしても、ともかくかの女は、この日、焼かれてしまったのだ。

おわりに

一四三五年夏八月、アルトワの首都アラスにある聖ヴァースト修道院は、ヨーロッパ各地の代表使節団でにぎわった。ランカスター、ヴァロワ、ブルゴーニュ三家の和平会談である。法王の調停もむなしく、けっきょくランカスター＝ヴァロワ会談は不調に終わった。これは予想されていたところであった。シャルル七世の顧問官団は、当初の予定どおり、ブルゴーニュ侯代理、官房長ニコラ＝ロランとのあいだに和平の話し合いを煮つめた。ニコラ＝ロランをはじめ、ブルゴーニュ侯の顧問会議の有力メンバーが大掛りに買収されていたという事実も、最近発見された。攻勢に出たのはヴァロワ王家の方であり、ブルゴーニュ侯は、ヴァロワ王権の統制から離脱し、フランス王権とドイツ神聖ローマ皇帝権とに互して独立の王権を立てるチャンスを逸した。

九月二〇日に成立した和平協定は、ジャン＝サン＝プール謀殺についての謝罪に始まり、フィリップ＝ル＝ボンに対しフランス王への臣従の特免を認め、ソンム流域諸都市に対する上級領主権の譲渡を含む領土の割譲をフィリップに約するものであって、ヴァロワ、ブルゴーニュ両家間の「あらそい＝訴訟（ケレル）」は、ここに前者の敗訴が公示されたといってよい（中世社会における軍事的対立は、それ自体が「訴訟（ケレル）」と意識されていたという、近代のわたしたちにはなじまない考え方があったということを、ついでながら想起すべきであろう）。とりわけソンム諸都市は、ブルゴーニュ侯の北の領国の下腹に接し、ヴァロワ王権にとっては、ブルゴーニュ侯権に対する北の前衛拠点を作る。ここを放棄してまでフィリップ＝ル＝ボンの気嫌《きげん》をとり、かわりに得たものはなんであったか。すなわち、ブルゴーニュ侯権のフランス王国からの離脱の阻止である。あくまでもこれを王権の掣肘《せいちゅう》下にとどめておいた上で、いずれは王領にとりこむ。これがヴァロワ王権の対ブルゴーニュ政策のアルファでありオメガである。

ナミュール、ホラント、フランドルなど、北方領国を代表する顧問官たちは、こぞってこの和議に反対した。そして、この後の事態の展開は、かれらのいだいた危惧にはそれだけの根拠があったことを示した。さまざまなやり方で、さまざまな口実をもうけて、ヴァロワ王権はブルゴーニュ侯権に干渉し、東あるいは北に家領政策を展開する余裕を侯権に与えなかった。父王シャルルと仲違いして、ブルゴーニュ侯家の庇護《ひご》の下にかくれたこともあった王太子ルイではあったが、このルイもまた、一四六一年、父王を継ぐや、冷然と父王の対ブルゴーニュ侯権政策をひき継ぎ、いっそうこれを増幅した。その最初の成果が、六三年、ソンム諸都市の買い戻しであり、ブルゴーニュ北方領国は、その下腹を敵にさらすことになったのである。

ルイ一一世の権謀術数は、一四六〇年代から七〇年代のヨーロッパの国際関係において、ブルゴーニュ侯国の破砕《はさい》吸収という目標にぴたりと照準を合わせた。一四六七年、フィリップ＝ル＝ボンを継いだ第四代ブルゴーニュ侯シャルル＝ル＝テメレールは、フランス王権との「危険な関係」を清算し、ドイツとフランスとのあいだに独立国を形成するという方向に侯家の未来を賭けた。ブルゴーニュ侯権は、ようやくにして一四三五年の誤謬《ごびゅう》に目を開いたのである。だが、ルイ一一世の方が役者が一枚上であった。七七年、シャルルは、ルイ王の同盟者、スイス都市軍団とナンシーに戦って敗死する。侯国は瓦解し、シャルル七世の顧問官たちの計画が完了した。

ブルゴーニュ侯シャルル生前のあだなは、どうやら「トラヴァイアン（はたらきもの）」というのが一般的であったらしい。一六世紀ごろの著述家は、「オーダス」あるいは「ピュグナンス」（豪胆ないし闘士）といった呼称を好んだ。ただひとり、同時代人のトマ＝バザンだけが「テメリタス」と呼んでいて、これが現在ごくふつうに使われるあだなとなった。シャルル＝ル＝テメレール、すなわち、むこうみず、あるいは無思慮者、ないし猪突猛進のシャルルといった意味である。

トマ＝バザンはノルマンディーのリジューの司教で、シャルル七世の側近にあったが、ルイ一一世とはそりが合わず、一四七五年以降はトリエル、ルーヴァンなどを転々とし、むしろブルゴーニュ侯家に接近し、永眠の地はユトレヒトをえらんでいる。だが、このトマ＝バザンこそ、一五世紀ヴァロワ王家の、いわば正史ともいうべき『シャルル七世史』と『ルイ一一世史』の著者であり、かれは、ルイ王と事を構えながらも、なおかつルイ王の偉大を認め、その敵手シャルルを「無思慮者」と判定したのである。

おそらく一四五三年、バザンはシャルル七世の命を受けて、ルーアンのジャンヌ裁判に関する意見書を作製している。この原本は残存していないが、バザン自身、のちにこれを『シャルル七世史』（一四七一、二年のころ、トリエルにて執筆）のなかに抄録していて、かれの「意見」の骨子は、じゅうぶんわたしたちの理解の及ぶ圏内にある。パザンは、ルーアンの裁判の法的無効性を主張し、さらにジャンヌの信仰の異端性に反論を加えている。「このころ一少女あり、その名ヨハンナ、いまだあどけなく、ひとみなの見るところ未通女……」に始まる『シャルル七世史』第二篇第九章以下のジャンヌ＝ダルクの事績についての記述は、ヴァロワ王権による王国支配の根拠をジャンヌに仮託された神の意志に見る「王権擁護論」にほかならない。イギリス王家との「あらそい＝訴訟」において、神の裁定がジャンヌを介して下り、ヴァロワ王権の勝訴が確定した。神の証人ジャンヌがシャルルを王と定め、シャルルがジャンヌを神の証人として立てる。この両者は相互補完の関係に立つ。この理論立ては、後世の著述家たち、とくに一九世紀のロマン派、あるいは「実証」派のばあいよりも、妙ないい方だが、はるかに「近代的」でさえある。

ジャンヌ＝ダルクは、トマ＝バザンによって正史に登記された。このジャンヌ顕賞がシャルル＝ド＝ブルゴーニュ蔑視《べっし》と裏表の関係に立っているところがおもしろい。シャルルの蔑視はブルゴーニュ侯権そのものの軽視につながる。あるいは、ル＝テメレールの呼称は、畏怖の感情をもまじえたものであったかもしれない。侯権は王権にとって確かに畏怖の対象であった。しかし、いずれにせよ、ブルゴーニュ侯権はシャルルの代に霧消したのだ。一五世紀フランスの政治史は、王権を軸に構成されてこそ意味を持つ。ひとはつねに歴史に意味を求める。ある立場に立って歴史を整合化する。トマ＝バザンがそれを証している。

トマ＝バザンを乗り越えて、一五世紀フランスにおける王権の状況を、完了形においてではなく現在形において理解したい、バザンの図式にはりつけられたジャンヌをひきはがし、その生の空間につれもどしたい。わたしはそうねがった。このねがいをこめて、わたしはジャンヌの生涯を記述した。これまた、ひとつの立場に立っての記述に終わったのではないか。この危惧はつよく残る。

けっきょくのところジャンヌとは何者か。この問いにはついに答えられない。ジャンヌはごくあたりまえの少女であった。感受性鋭く、霊的な刺戟に敏感に反応する少女であった。この少女が政治の世界にからめとられてゆく、そのプロセスについての恣意《しい》的な仮説の申し立ては厳につつしまれなければなるまい。ジャンヌ召命のこの謎は、ついに不可知なのであろうか。あるいは、わたしたち自身のひごろ実修する心的訓練をよりいっそう強めてゆけば、いずれは理解できる、そのような性質の謎なのであろうか。あるいは、一五世紀フランスの人間集団の行動の力学を解析する方法論がさらにいっそう整備されるのを待っている、そのような性質の謎なのであろうか。

ジャンヌ＝ダルク年譜

西暦	年齢	年譜	参考事項
一三二八			フィリップ六世即位。フランスのヴァロワ王家始まる。
四〇			イギリス王エドワード三世、イギリスとフランスの王を称し、フランスに進攻。百年戦争始まる。
六〇			ブレチニー＝カレー条約。エドワード三世、旧アキテーヌ侯領を取得。フランス王位継承権を破棄。
六四			シャルル五世即位。
六九			戦争再開。
七七			リチャード二世即位。諸侯の王政後見。
八〇			シャルル六世即位。諸侯の王政後見。
八八			シャルル六世親政。マルムーゼの王政管理。
八九			リチャード二世親政。休戦。
九二			シャルル六世発狂。マルムーゼ失権。王族諸侯の王権横領始まる。
九六			シャルル六世とリチャード二世の同盟。ニコポリス十字軍。
九九			リチャード二世廃位。ランカスター家のヘンリー

			四世即位。
一四〇三			王太子シャルル（シャルル七世）誕生。
〇四			ブルゴーニュ侯フィリップ死去。ジャン＝サン＝プール、侯家相続。
〇七			ブルゴーニュ侯ジャン、ルイ＝ドルレアンを暗殺。シャルル、オルレアン侯家相続。
〇九			ジャン＝サン＝プール、王政を掌握。ピサ公会議。三法王並立。
一〇			オルレアン党派（アルマニャック）結成。
一一		この年ないし翌年初頭、ジャンヌ＝ダルク生まれる。	アルマニャック諸侯とブルゴーニュ侯の武力衝突。
一二			オーセールの和。内乱休止。
一三	1		北フランス三部会。カボシュの改革と民衆暴動。ジャン＝サン＝プール失権。ヘンリー五世即位。
一四	2		アルマニャック派とブルゴーニュ侯、アラス協定。コンスタンツ公会議始まる。
一五	3		戦争再開。ヘンリー五世、アザンクールにフランス王軍を破り、ノルマンディーを制圧。パリのアルマニャック派政府、統制を強める。
一七	5		王太子ルイ死去。シャルル、王太子となる。コンスタンツ公会議、法王マルテイヌス五世を選出。教会分裂終わる。
一八	6		ブルゴーニュ侯、パリを奪回し、王政を掌握。王太子シャルル、ブールジュに政権を立てる。

一四一九	7		王太子、ジャン＝サン＝プールをモントローで謀殺。フィリップ＝ル＝ボン、ブルゴーニュ侯権を相続。
二〇	8		トロワ同盟。ヘンリー五世、フランス王位継承権を獲得。王太子シャルルの権利、否認される。
二二	10		ヘンリー五世、シャルル六世、あいついで死去。幼少のヘンリー六世、イギリスとフランスの王をかねる。その叔父ベドフォード侯、フランス摂政としてヘンリー六世を後見。
二三	11		王太子シャルルの息ルイ（ルイ一一世）誕生。
二四	12		ヴェルヌイユの戦い。王太子軍、イギリス軍に破れる。シャンベリーの協定。王太子、フィリップ＝ル＝ボンと休戦。
二五	13		ネーデルラント継承戦争始まる。リッシュモン伯、ブールジュ政権の実権をにぎる。アルマニャック派諸侯の失権。
二七	15		リッシュモン伯失脚。ジョルジュ＝ド＝ラ＝トレモイユ、ブールジュ政権を掌握。
二八	16	この年の末ないし翌年初頭、ヴォークールールに姿を現わす。	ネーデルラント継承戦争終わる。フィリップ＝ル＝ボン、ホラント、セーラント、エノーに対する権利を確保。夏以降、イギリス軍、ロワール作戦を開始し、オルレアンを攻囲する。
二九	17	1月　ナンシーにロレーヌ侯シャルルを訪ねる。2月13日、ヴォークールールをたち、23日、シノンに到着。25日、王太子シャルルに接見。3月、ポワチエで審問	

を受ける。3月22日、イギリス軍あての挑戦状を口述。4月20日頃、ブロワで王太子の軍勢に合流。29日、オルレアン市内にはいる。5月6日、オルレアン守備隊、サン＝オーギュスタン砦奪取。7日、「レ-トゥーレル」奪取。8日、イギリス軍、オルレアン攻囲を解く。

6月18日、王太子軍、パテーの戦いにイギリス軍を撃破。25日、北征の軍勢、ジアンに集結。29日、北征軍、ジアンを出発。7月16日、ランスにはいる。17日、王太子シャルル、ランス大聖堂で国王塗油の秘蹟を受ける。ブルゴーニュ使節団、ランスでシャルル七世の顧問官団と協議。

7月20日、シャルル七世の一行、ランスをたって、北フランスの諸都市をまわり、8月15日、サンリス近くでベドフォード侯の軍勢と対峙。18日、王軍、コンピエーニュにはいる。ブルゴーニュ使節団、コンピエーニュでシャルル七世と協定文を作製。北フランスに関して休戦成立。26日、ジャンヌを含む先発隊、パリ郊外サン-ドニに布陣。9月7日、シャルル七世、サン-ドニに到着。8日、ジャンヌを含む軍勢、パリを攻撃。同日、撤退。王軍、ロワールに帰る。9月21日、北征軍、ジアンで解散。

9月から10月にかけてブールジュに滞在。10月末ないし11月初め、ラ-シャリテ-シュール-ロワール攻めに参加。12月下旬、ジアンに滞在。

12月　ブルゴーニュ使節団、ロンドンでイギリス政府と対フランス作戦を協議。コンピエーニュ攻略の計画成る。

三〇　18

3月末ないし4月初め、ジャンヌ、北フランスへ向かう。4月24日、サンリスに姿を見せる。

一四三〇	18	5月なかごろ、ジャンヌ、コンピエーニュに滞在。18日、ルニョー=ド=シャルトルらとコンピエーニュを退去。23日、ジャンヌのみコンピエーニュに帰る。同日、コンピエーニュ前面で、ジャン=ド=リュクサンブールの手勢に捕われる。5月26日、パリ大学神学部およびフランス王国宗教裁判官総代理マルタン=マビヨン、フィリップ=ル=ボンあてにジャンヌ引き渡し要求の書簡作製。7月14日、ボーヴェ司教ピエール=コーション、コンピエーニュに出向いて、ジャンヌの引き渡しを要求。11月頃、ジャンヌ、アラスでイギリス軍に引き渡される。12月下旬、ルーアンに送られる。28日、コーション、ジャンヌを裁く宗教裁判を開く権限をとりつける。	5月初旬、フィリップ=ル=ボン、コンピエーニュ攻囲を開始。10月　フィリップ=ル=ボン、ブラバント侯領を取得。コンピエーニュ攻囲を解く。
三一	19	1月3日、ヘンリー六世、コーションの主宰する宗教裁判法廷にジャンヌを引き渡す。2月21日を第一日として六回の公開審理。3月10日以降、八回の獄中審理。4月5日、一二か条の告発文を公表。パリ大学神学部に意見を求める。5月24日、異端の審決。ジャンヌ、回心を誓う。コーション、審決を変更し、終身刑を申し渡す。28日、ジャンヌ、回心をひるがえす。30日、ルーアンの広場において、「もどり異端」と宣言され、ルーアン代官に引き渡され、火刑に処せられる。	バーゼル公会議開始（—一四四九）
三三			フィリップ=ル=ボン、エノー、ホラント、セーラントを取得。ジョルジュ=ド=ラ=トレモイユ失権。
三五			アラスの和。シャルル七世、フィリップ=ル=ボンと和解。

三六		フランス王軍、パリにはいる。
三七		シャルル七世、パリにはいる。
四〇		プラーグリーの乱。王太子ルイとフランス諸侯、シャルル七世に反抗。
四四		フランス、イギリスと休戦（トゥールの協定）。
四九		イギリスとの戦争再開。シャルル七世、ルーアンにはいる。
五〇		シャルル七世、ジャンヌ裁判に関する調査を命令。フォルミニイの戦い。シャルル七世、ノルマンディーを回復。
五二		ジャンヌ裁判に関する調査開始。
五三		カスチヨンの戦い。シャルル七世、ギュイエンヌを回復。フランス王軍、ボルドーにはいる。
五五		ジャンヌ復権訴訟開始。
五六		ローマ法王、ルーアンでのジャンヌ断罪裁判の無効を宣言し、復権訴訟に終止符を打つ。

参考文献

ジャンヌについては、古くはジョゼフ＝カルメット『ジャンヌ・ダルク』（川俣晃自訳、岩波新書、昭和二六年）がほとんど唯一の邦語文献であったが、さすがにその記述内容の時代錯誤《アナクロニズム》に気がひけたか、原著版元の「コレクション－クセジュ」も最近これを絶版にした。これにかえて「コレクション－クセジュ」に収められたのが、最近邦訳の出たアンドレ＝ボシュア『ジャンヌ・ダルク』（新倉俊一訳、文庫クセジュ、白水社、昭和四四）である。これもしかし、フランス史学界正統の王党派的立場から一歩も出るものではない。

原史料に忠実にジャンヌという存在を認知しようという研究の方向は、フランスにおいてもようやく最近出てきたものであって、一九世紀に行われたジャンヌ裁判記録編集の不備を補うべく、かつてこれを刊行したフランス歴史協会は、一九六〇年代、ピエール＝ティッセらに依《い》嘱《しょく》して、新たに裁判記録刊行の事業をおこした。

アンリ＝ギュイユマン『ジャンヌ・ダルク――その虚像と実像――』（小林千代子訳、現代教養文庫、社会思想社、昭和四九）は、この新しい動向の上に立ち、ジャンヌという存在の神秘性をまっ正面から見すえた好著である。レジーヌ＝ペルヌー女史もジャンヌについて活発に発言していることで知られるが邦訳はない。

ジャンヌについて自分自身のイメージを持ちたいと思われる向きには、たとえば一九世紀の歴史家ジュール＝ミシュレのジャンヌ記述とか、詩人フリードリヒ＝シラーの劇作『オルレアンの少女』とか、あるいは二〇世紀イギリスの御意見番バーナード＝ショーの戯曲『セント・ジョーン』とか、なにしろそういった「個性の強い」ジャンヌ像にまず接することをおすすめする。ミシュレを除いて、邦訳は手にはいるはずである。次いで、ジャンヌの時代についてのイメージゆたかな文章に親しまれる必要がある。ヨーハン＝ホイジンガ『中世の秋』（筆者訳、中央公論社、「世界の名著」版、昭和四二、中公文庫に収録）は必読の書である。フランス文学者渡辺一夫氏の『乱世の日記』（講談社、昭和三三、筑摩書房版著作集に収録）は、本文中にもしばしば引用した『パリ一市民の日記』解説の形を借りて、この時代のフランス王国についてていねいに記述している。時代はすこしずれるが、詩人フランソワ＝ヴィヨンの『全詩集』（鈴木信太郎訳、岩波文庫、昭和四〇）もあげておこう。ヴィヨンはこの時代の感性の証人であり、同訳書に付された詳細な訳註が時代の世相についてのわたしたちの理解を助ける。その意味では、ピエール＝シャンピオン『フランソワ・ヴィヨンとその時代（上）（下）』（佐藤輝夫訳、筑摩書房、昭和四五　新版）も、この時代のすぐれた解説としておすすめできる。

この時代全般の歴史的背景については、いぜんとして堀米庸三『西洋中世世界の崩壊』（岩波全書、昭和三三）が唯一の邦語通説書である。論文集として「岩波講座世界歴史」中世の五

（岩波書店、昭和四五）があり、筆者も一四、五世紀のフランスに関してこれに寄稿している。

なお、筆者は、物語ふうにジャンヌ伝をまとめ、千趣会刊「ヒロインの世紀」5『聖女ジャンヌ・ダルク』（昭五一）として刊行した。ジャンヌゆかりの地の風景写真や図版を多数おさめている。これは書店を通さず、千趣会が直売している。

新訂版あとがき

「ジャンク・ダルク」拝見。大変によく出来ており、わが国で最初に出たジャンヌ・ダルク伝と申して過言ではありません。多分フランスのものより納得のゆくものかもしれません。ただ、ローヌ川についてはソーヌと勘違いしています。ローヌはリヨンで東折してレマン湖へ。ブルゴーニュ・ラングル高地に発しリヨンにいたるものはソーヌ。また列聖に関して法王は調査結果に裁定を与えるので、「証明する」ことはありません。以上の二点何とか訂正をねがいます。

この本は、もと「人と歴史シリーズ」の一冊で、昭和五〇年四月一五日付で出版された。堀米庸三先生が編集委員のお一方でいらっしゃした。大学院で指導を受けて以来の恩師である。わたしは先生のお名指しでこの本を書いた。なんか遅蒔きのレポートを書いているような塩梅だった。そこで、本ができあがって、早速、お届けした。先生は春先から重い病の床に臥されていた。はやくよくおなりになって、この本を読んでいただけるようになったらいいな、と、なんかあやうい気分だった。それが、なんと五月二日付のお葉書をいただいた。日付のことまで、なんかごちゃごちゃいっているのは、この本にそういう歴史があったからです。
最初にご紹介したのが先生のお葉書の文面です。どうですか、なんか学生の提出したレポートに書き込みをいれて返したというおもむきがあるでしょう。おほめいただいて、とてもうれしかった。「ジャンク・ダルク」は先生がお書きになったがままです。ちょっとした書き損じ、こういうところが、また、いい。そのとき、そこに先生がいらっした。寝台に身を起こして書写板に向かう先生のおすがたが見える。痛む右の胸を左手でしっかりと押さえて、ようやく右手の万年筆を走らせる。新潮社刊の『わが心の歴史』に収められた「私の闘病記」にこう読める。

五月三日、土曜。数日来、咳がかなりひどく、多少の血痰もあり、咳のため起こった神経痛で胸がものすごく痛む。右の胸をしっかりと押さえることなしには、どんな軽い咳さえもできないという有様。右乳首から右腕にかけてサロンパス、それに胸から咽喉にかけてパテックスを貼って痛みを取ろうとした。この神経痛が極度にひどく、咳のたびに胸が割れるように感じたそのとき、私ははじめて病気に対するある認識に達した……

五月三日、と先生は日付を記していらっしゃる。なんとわたしあてにレポート評をおしたためくださった、その次の日ではないですか。なんと先生は、体力の限界をお感じになられながら、気をしっかりお持ちになられていたことか。

堀米庸三先生は、その年の暮れ、一二月二二日にお亡くなりになった。

鎌倉のお住まいから東京は飯田橋の病院にまで先生をお送りする車にわたしは同乗させていただいた。道中、会話は間遠になった。ふと、窓外に冬の木立が流れるのを見かけて、先生、ご覧になれますか、枯れ木立がきれいですよ……。なんとまあ、おろかな発言だったことか。押さえようもなく、心が口をついて出る。わたしはわが師の葬送を予感していたのではあるまいか。

『わが心の歴史』の装丁カバーは「やまのいも」、扉は「せんだんの実」の枯れ枯れの版画に美しく飾られている。先生の心の一の弟子をもって自認するわが妻節子は、縁あって先生のお住まいのすぐ近くに家を建てて住むことになってすぐ、庭にせんだんを植えた。せんだんはいまは大樹になり、夏は葉陰をひろげてクリスマスローズの畑を養い、冬は枝先に枯れた実をたわわにみのらせて、鳥たちに食べさせる。このあたりの鳥たちは、もっとおいしく食べられる木の実がなくなると、うちのせんだんに集まると節子はいう。

堀米庸三先生の「ジャンク・ダルク」ではないけれど、うっかりミスは、それはよくある。新書版を読み返して、そういうのもあらためて二、三みつけたけれども、新書版は旧版を新書版にあらためた折に、かなりていねいに見直したので、うっかりミスはあまり多くない。問題なのは、旧版と新書版ではあたりまえのように使っていた言い回しのうちに、その後わたしの知見もひろがって、手直しした方がいいと思われるものが出てきたことである。

「I　噂の娘」の書き出しのところ、この新訂版の一八ページに、録事クレマン=ド=フォーカンベルグがいましも横顔を見せた女性のイメージをデッサンしたばかり、というように書いている。そこのところの「横顔を見せた女性」は旧版や新書版では「あるふしぎな少女」と書いている。おそらく一七歳で世間にデビューした女性をつかまえて少女もないだろうというような厳格主義者めいた言い分ではありません。その証拠に、その後さかんに出てくる、ここでは女性と書いたところを、知らん顔をして少女と書いているところもいくつかある。まあ、いきなり少女と、なにかきめつけをやっているようで、いささかいやになったというのが本音のところです。

三五ページのあたり、「両軍の兵力」と小見出しを張った文節の書き出しに「オルレアンの私生児」と見える。「私生児」はどうしようか。「庶子」と直したところで差別感は消えないし、いっそ夏目漱石の『幻影《まぼろし》の盾』に見える「私生子」を借りようかと、大いになやんだ末に、けっきょくママにしました。変に取りつくろって直すよりは、ママの方がいまのわたしたちの言葉遣いになじむと思いまして。これは、しかし、八十路の坂をとっくに越しているこのわたくしめの世代の言葉遣いを正面に押し出した発言のようで、いささか忸怩《じくじ》たる思いはありますけれど。

「オルレアンの私生児」のすぐ隣に「オルレアン侯方の領主たち」と見えます。「領主たち」は旧版と新書版では「領主貴族」と書いていて、セヌールの訳語のつもりだったらしく、それがセヌールは「領主」で、それ自体ひとつの身分を指していて、どうして、また、「ノールのセヌール」などと囃《はや》し立てるのか。

「II　百年戦争後半の幕あけ」に入って、「イギリスとの休戦」の文節の「ギュイエンヌ侯」、その七行ほどあとに「アキテーヌ（ギュイエンヌ）」と見える。

「ギュイエンヌ」、これが傑作で、これが「アキテーヌ」の訛《なま》りなことははっきりしているのに、公文書とか地図帳とか、いたるところ、いまだに堂々と通用している。フレサール（フロワサール）の『年代記』に「ギーアン」と見える。一三六〇年の「ブレティニー条約」のところだが、「ブレティニー条約」はラテン語版も用意されていて、そちらの方では、そこのところ「アクィタニア」と見える。アキテーヌです。一五世紀には「グーエン」と訛り、この綴りの誤読から近代の「ギュイエンヌ」の読みが生じた。

土地の名はおもしろい。もうひとつ例をあげると、「党派の争い」の段節に入って、「ブルゴーニュ侯、パリを制圧」の小見出しの文節に「ブラバント、リンブルクの諸侯領」と見える。「リンブルク」という土地の名がある。『ベリー侯のいとも豪華なる時禱書』という、一二か月の月々の風物を描いた飾り絵で有名な絵入り写本がある。これは「ランブール兄弟」の作だと日本では紹介されている。手元にその豪華写本の複製があるが、その解説などを見るとランブールは limbourc と書いていて、仏和中辞典を引けば limbourg の形で載っていて、小さく発音記号をつけて、「ランブール」と読みなさいと教えてくれる。

「リンブルク」は古名 lindaburg といい、linda はドイツ語の linde で、菩提樹をいう。だから「リン」の音がつよいはずで、それを「ランブール」とは、これも近代の読み癖かと思っていたところ、ブルグーン侯むこうみずのシャルルが君臨する金羊毛騎士団の集会を描いた写本飾り絵があって、それの下欄の文字列に lanbourg と見える。この文字列はギオーム＝フィラストゥルの『金羊毛騎士団史』という著述の書き出しで、そのまた写本の第一ページにその著述をむこうみずのシャルルに献呈する様子が描かれていて、その写本飾り絵の同じく下欄の文字列に、こちらは lembourg と見える。なんと、ねえ、ストレートに「ランブール」といっているではないですか。この二枚の写本飾り絵は両方ともむこうみずの生前に描かれたのはまずたしかで、だから limbourg をランブールと読むのは近代の作法だと言い捨てるのはまちがいだということになる。リンをランの読み癖は、すでにして中世に胚胎した。

はじめに堀米庸三を回想し、次いでこの本の個別の言葉遣いに遊んだ。個物が全体を映しているというのが、歴史を読み、歴史を書くわたしの態度だから、それはそれでよいのだが、あまりだらだら遊んでいては「あとがき」がいつになっても終わらない。このあたりで遊びはまたということにして、最後に「参考文献」だが、新書版を刊行したあと、「はじめに」の冒頭にいきなり引いた「フランソワ＝ヴィヨンのそのかみの貴女たちのバラッド」に導かれて「ヴィヨン遺言詩」の奥深い森に分け入った。何本もの手書き写本の校訂を重ねて、ようやく見えてきた景色を、はじめ小沢書店刊の『ヴィヨン遺言詩注釈』全四巻に書いた。『形見分けの歌』と『遺言の歌』上中下三巻です。一九九七年から二〇〇二年にかけて出版した。ただ、これには「文献一覧と索引」が欠けている。それを出版する頃合いに小沢書店は店を閉じたのです。その後、二〇一六年に悠書館から『ヴィヨン遺言詩集』一冊本を出版した。これの訳詩本文は、小沢書店本のをさらに推敲《すいこう》し、近似値としての完成本により近づけた自信はあるのだが、惜しむらく、注と索引は小沢書店本のには遠く及ばない。いや、じつは索引も、校正ゲラも念校もいいところまで仕上がっているのですよ。それもただの索引ではない。そういうのは「語彙索引」というのだろうと思うのですが、索引の項目にその語句の解釈を短く添えている。短くといったって、ばあいによっては二欄、三欄にわたるのもある。「索引と書目一覧」だけで五百ページにおよぶという巨大本に成長していたのですよ。それが出版未然の状態にある。なんともこれは気が抜ける。

もうひとつ参考文献をあげさせていただく。「噂の娘」に噂のひとつとして登場したあと、ところどころのページを賑わせながら、ついには「Ⅳ　ルーアンのジャンヌ」のどんづまり、ジャンヌ=ダルク火刑の様子を描写した、当代の一大記録文学『パリ一市民の日記』である。

『ヴィヨン遺言詩集』とどっちかというほどに、わたしと『パリ一市民の日記』との付き合いは古い。なにしろわたしの修士論文は「十五世紀フランスの二つの記述資料について」といって、ふたつのといっている、そのひとつはフィリップ=ド=コミーヌの覚え書きで、もうひとつが『パリ一市民の日記』だったのだ。このふたつについてなにをいったのかは、『史学雑誌』に発表した論文「中世ナチュラリズムの問題」を読んでいただくにしくはなく、これは後日まとめた論集『中世の精神』に収めた。一九九〇年に小沢書店から出版した。その論文を書いていたころは、フランスの第二帝政時代にパリで製作されたある史料集成に収められていた校本を見ていて、後日、一九七一年にはじめてパリに住んだ折に、それから九〇年前、一八八一年に出版されたアレクサンドル=テュテイの日記の校訂本がようやく手に入った。テュテイはこれに「ジュルナル・ダン・ブルジョワ・ド・パリ」のタイトルを与えた。テュテイは第二帝政時代の史料集成のは、大革命以前、一七二九年に出版された「ラ・バール本」と呼ばれる校本の丸写しだとしりぞけているが、肝心のご自分の仕事については、さて、どうだろう。テュテイはご自分の校訂本のタイトルに「ローマとパリの写本（複数）による」とサブタイトルをつけていて、「ローマ」とテュテイがいっている、じつはヴァチカン図書館にある日記の写本と、パリにある、とテュテイがいう写本とをつきあわせて校訂したといっているが、それはない。テュテイがパリにあるといっている写本は、まさに「ヴァチカン写本」の丸写しであって、筆跡から見て一七世紀の製作と見られる。パリの国立図書館に保存されている。

なんと「ラ・バール本」は「メモワール・プール・セルヴィール・ア・リストワール・ド・フランス・エ・ド・ブルゴーニュ」とタイトルをとっていて、「フランスとブルゴーニュの歴史を調べるのに役立つ覚え書き」でしょうか、いや、正直、わたしはこれは見ていませんので。いいえ、ですから「ジュルナル・ダン・ブルジョワ」なんてふうには呼んではいない。もっとおもしろいのは、さらに時をさかのぼらせて、一七世紀の写本は、じつは「シャルル六世と七世治下のパリのメムウェール（複数）」と頭書きしている。どうも「覚え書き」というふうに世に伝わったようです。してみると「アン・ブルジョワ」というのはなんとも極性を帯びさせられた呼び名と聞こえる。第二帝政から第三共和制へ、フランス・ブルジョワ社会が極性と粘性を強めていく、そういう社会の表看板としてこれはふさわしい。アレクサンドル＝テュテイはアルシーヴ・ナショナル・ド・フランス、フランス国立文書館の古参の館員でした。

戦前、というよりも昭和一七、八年のことだから、戦中というべきか、ジョゼフ・ベディエとポール・アザール共編の『絵入りフランス文学史』のうち「中世文学」のところが三冊本として翻訳出版された。その本の第三部第二章「百年戦争の時代の散文」にこの日記の案内があって、テュテイの校本を底本とする案内で、フランス文学者市原豊多先生のお訳だが、そこに「巴里一市民の日記」と日本語に写されている。これが、わたしのせまい知見の内での限りだが、「アン・ブルジョワ」を「一市民」と訳す事例の初見である。そうして、戦後、昭和三二年、戦中の例の「中世文学」三冊本で「フランソワ・ラブレー」をご担当なさった、こちらもフランス文学者渡辺一夫先生が、ご同僚の市原豊多先生の「巴里」を「パリ」とひらいて、「パリ一市民の日記」の「解題」（そう先生はおっしゃっている）を文芸誌『群像』に連載なさった。

こうして問題の日記文学の日本語の世界での呼び名が定まって……と、ほんとうはこういきたいところなのですが、なかなか、どうして、そうはいかない。いかなくなったわけをここにご紹介したい気持ちはやまやまなのですが、なんせ、もはやとうに「あとがき」の領するべき字数語数の限界は超えました。この日記文学は、いまわたしはこれを翻訳して注を立てる作業に没頭しておりまして、その最初の成果が二〇一三年七月に八坂書房から出版されました。『パリの住人の日記Ⅰ　一四〇五年から一四一八年まで』です。なんと、細かい、年次を追ってきたぞ！　と警戒の叫びが聞こえる。なんとも、わたしとしても、なにかさからいがたいものがありまして、ついつい注が長くなってしまう。

二冊目はついこのあいだ、二〇一六年一〇月に出版するところができました。『パリの住人の日記Ⅱ　一四一九年から一四二九年まで』です。カバーの背表紙に「ジャンヌ・ダルク　パリに参上」とデカデカと刷り込んであります。一四二九年「九月、聖母お誕生の宵宮、レザルミノーがパリの城壁に押し寄せてきて」と、ジャーン＝ダールを引き連れた王太子の軍勢がパリを攻撃する話を書きはじめます。なんだと、ジャンヌ＝ダルクを引き連れた、だと！　とヒステリックな非難の叫び声がわたしの耳をおそいます。どうにもしようもない、パリの住人は「人がラプセルと呼んでいる、これが何物かは神のみぞ知るだが、くだんの女の形をした一被造物」と評判している。

さくいん

【あ】

【い】

【う】

【え】

【お】

【か】

【せ】

【そ】

【た】

新《しん》・人《ひと》と歴史《れきし》　拡大版《かくだいばん》　06
ジャンヌ=ダルクの百年戦争《ひゃくねんせんそう》〔新訂版《しんていばん》〕

定価はカバーに表示

2017年4月30日　　初　版　第1刷発行

著　者　堀越《ほりこし》　孝一《こういち》
発行者　渡部　哲治
印刷所　法規書籍印刷株式会社
発行所　株式会社　**清水書院**
〒102－0072
東京都千代田区飯田橋3－11－6
電話　03－5213－7151(代)
FAX　03－5213－7160
http://www.shimizushoin.co.jp

カバー・本文基本デザイン／ペニーレイン　　DTP／株式会社 新後閑
乱丁・落丁本はお取り替えします。　ISBN978－4－389－44106－7